全集 伝え継ぐ 日本の家庭料理

そば・うどん・粉もの

（一社）日本調理科学会 企画・編集

はじめに

日本は四方を海に囲まれ、南北に長く、気候風土が地域によって大きく異なります。このため各地でとれる食材が異なり、その土地の歴史や生活の習慣などともかかわりあって、地域独特の食文化が形成されています。地域の味は、親から子、人から人へと伝えられていくものですが、食の外部化が進んだ現在ではその伝承が難しくなっています。このシリーズは、日本人の食生活がその地域ごとにはっきりした特色があったとされる、およそ昭和35年から45年までの間に各地域に定着していた家庭料理を、日本全国での聞き書き調査により掘り起こして紹介しています。

本書では、全国のそばやうどん、そうめんに、すいとんやだんご汁などの料理を集めました。全国で白米のご飯が十分食べられるようになったのは昭和30年代で、それまでは小麦やそば、雑穀やいもが主食の中で大きなウエイトを占めていました。さまざまな材料を粉にして練ることで、幅広の麺もやわらかいだんごも自由自在。風味が自慢の地元のそば、コシを引き出した地粉の手打ちうどん、地域性のあるつけだれやだしで食べるそうめん、とろみがおいしいほうとうやだご汁、つるっとした食感のたかきびだんご、ほのかな甘さのさつまいもの麺など多彩です。素材の多様さと味つけや具材のバリエーションから、土地の産物や歴史と結びついた麺や粉もの料理が生まれ、地域の味への愛着が形成されてきました。

昭和の半ば頃は、麺類が家庭で手打ちするものから乾麺やゆで麺を購入するものへ変化する過渡期にあたるようです。手づくりの形は変わっていきますが、各地でなじんだ味は、米の補いという役割から離れても伝えられてきています。

聞き書き調査は日本調理科学会の会員が47都道府県の各地域で行ない、地元の方々にご協力いただきながら、できるだけ家庭でつくりやすいレシピとしました。実際につくってみることで、読者の皆さん自身の味になり、そこで新たな工夫や思い出が生まれれば幸いです。

2020年2月

一般社団法人 日本調理科学会 創立50周年記念出版委員会

目次

イラスト／武藤良子（目次、p120, 122）

凡 例

◎「著作委員」と「協力」について

「著作委員」はそのレシピの執筆者で、日本調理科学会に所属する研究者です。「協力」は著作委員がお話を聞いたり調理に協力いただいたりした方(代表の場合を含む)です。

◎ エピソードの時代設定について

とくに時代を明示せず「かつては」「昔は」などと表現している内容は、おもに昭和35〜45年頃の暮らしを聞き書きしながらまとめたものです。

◎ レシピの編集方針について

各レシピは、現地でつくられてきた形を尊重して作成していますが、分量や調理法はできるだけ現代の家庭でつくりやすいものとし、味つけの濃さも現代から将来へ伝えたいものに調整していることがあります。

◎ 材料の分量について

・1カップは200mℓ、大さじ1は15mℓ、小さじ1は5mℓ。1合は180mℓ、1升は1800mℓ。

・塩は精製塩の使用を想定しての分量です。並塩・天然塩を使う場合は小さじ1=5g、大さじ1=15gなので、加減してください。

・塩「少々」は親指と人さし指でつまんだ量(小さじ1/8・約0.5g)、「ひとつまみ」は親指と人さし指、中指でつまんだ量(小さじ1/5〜1/4・約1g)が目安です。

◎ 材料について

・油は、とくにことわりがなければ、菜種油、米油、サラダ油などの植物油です。

・濃口醤油は「醤油」、うす口醤油は「うす口醤油」と表記します。ただし、本書のレシピで使っているものには各地域で販売されている醤油もあり、原材料や味の違いがあります。

・( )のない「小麦粉」は、薄力粉、中力粉、地粉のいずれも使えます。「地粉」は、国産小麦の粉のことでうどん粉とも呼ばれ、だいたい中力粉のタイプになります。

・「砂糖」はとくにことわりがなければ上白糖です。

・「豆腐」は木綿豆腐です。

・味噌は、とくにことわりがなければ米麹を使った米味噌です。それぞれの地域で販売されている味噌を使っています。

・単に「だし汁」とある場合は、だしの素材は好みのものでよいです。

◎うま味と旨みの表記について

本書では、5つの基本味のひとつ*である「うま味(Umami)」と、おいしさを表現する「旨み(deliciousness):うまい味」を区別して表記しています。

*あとの4つは甘味、酸味、塩味、苦味。

◎一般的なだしのとり方

〈かつおだし〉沸騰した湯にかつお節(できあがりの1%重量)を入れたら火を止める。かつお節が沈んだらこす。沸騰させ続けると、渋みや苦味が出て、香りも飛ぶ。

〈昆布だし〉水に昆布(できあがりの2%重量)を30分ほどつけてから火にかける。沸騰直前に昆布をとり出す。沸騰させると、臭みやえぐみ、粘りが出る。

〈煮干しだし〉水に煮干し(できあがりの2%重量)を5分以上つけてから火にかける。沸騰したらアクを除き、2〜3分煮出してからこす。煮干しの頭、ワタをとり除くと雑味がないだしになる。

計量カップ・スプーンの調味料の重量(g)

	小さじ1(5mℓ)	大さじ1(15mℓ)	1カップ(200mℓ)
塩(精製塩)	6	18	240
砂糖(上白糖)	3	9	130
酢・酒	5	15	200
醤油・味噌	6	18	230
油	4	12	180

そば

かつては山間部ややせ地で、米や小麦の補いだったそば。手間をかけたそば切りはハレ食の代表になりました。シンプルな手打ちそばから、せん切り大根を混ぜたり大根おろしをかけたり、けんちん汁に入れるそばまで、お国自慢の打ち方と食べ方を紹介します。

〈岩手県〉

そばかっけ

北上高地北部にある葛巻《くずまき》町をはじめ県北部は、冷涼で米が育ちにくかったこともあり、ソバを栽培してさまざまに利用してきました。

客のもてなし料理には手間のかかるそば切りで、今でもハレ食（冠婚葬祭）の最後はそばでしめたりします。今回紹介するそばかっけは、こねて薄くのばして三角形（かっけ）に切ってゆでるので手間がかかりますが、昭和30年頃の葛巻では家族で囲炉裏を囲んで食べるものだったそうです。もっとも簡単なのがそば練り（そばがき）で、柳ばっとという柳の葉の形のそばだんご入りの汁にして食べることもありました。

葛巻のそばかっけのつくり方は独特で、熱湯と卵と豆腐を使います。地元では豆腐は増量剤といわれますが、実験の結果、つなぎの効果があることがわかりました。

冷めるとおいしくないので、食べる分だけをゆで、食べたらまたゆでます。大人はにんにく味噌、子どもは甘いくるみ味噌で、熱いかっけをふうふうと食べます。

協力＝高家章子
著作委員＝魚住恵、松本絵美

＜材料＞ 4人分

そば粉…500g（打ち粉を含む）
卵…1/2個
豆腐…150g
熱湯…1/2カップ
にんにく味噌*…適量
くるみ味噌**…適量

*味噌50gにおろしにんにく1かけ分と酒少々を加える。

**味噌50gにすりつぶした山ぐるみ(鬼ぐるみ、姫ぐるみ)30gと砂糖10g、酒少々を合わせる。

＜つくり方＞

1 打ち粉用にひとつかみからふたつかみをとり分け、残りのそば粉をこね鉢に入れる。中央をくぼませ、熱湯を加えて箸で混ぜる（写真①）。

2 軽くまとめたら横に寄せ、残りの粉に再度くぼみをつくり、卵を落とし（写真②）、この上に豆腐を手でつぶしながら加える（写真③）。

3 箸で混ぜ合わせ（写真④）、軽くまとめたらその上に熱湯でこねた生地をのせ、周囲の粉をはじめはいっぱい、生地がまとまってきたら少しずつまぶしながらこね（写真⑤）、耳たぶくらいのかたさにする（写真⑥）。

4 打ち粉をして、麺棒で四角形に薄くのばす（写真⑦）。

5 麺棒に生地を巻きとり、麺棒の上を横に包丁で切り開く（写真⑧）。横半分に切り（写真⑨）、生地を全部重ね、包丁の角度を変えながら端から二等辺三角形に切る（写真⑩）。

6 鍋に湯を沸騰させ、生地を1枚ずつはがしながら投入してゆでる。

7 くっつかないように箸でときどき混ぜ、浮き上がってきたら器にとり出し、にんにく味噌やくるみ味噌をつけて食べる。

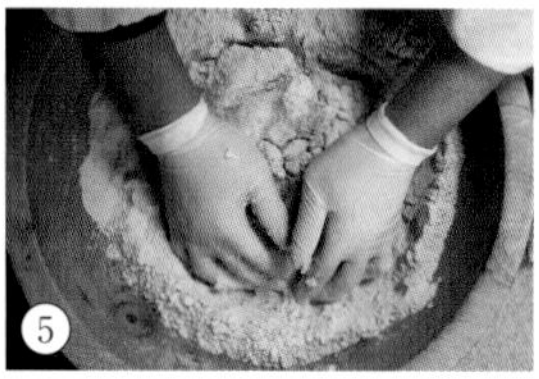

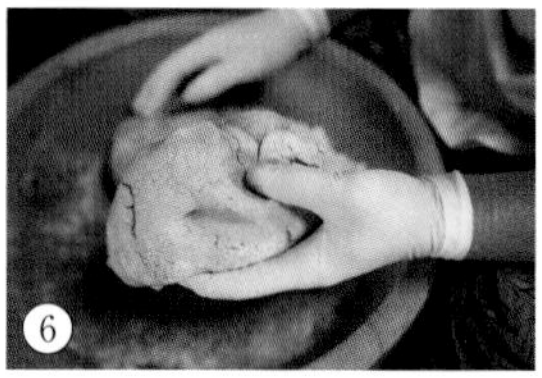

写真はレシピの2倍の分量で仕込んだ

撮影／奥山淳志

〈宮城県〉

そばねっけ

宮城では練ることを「ねっけ」といいます。そばねっけは、その名のとおり、そば粉に水を加えて熱しながらもちもちのような粘りが出るまでよく練ったもの。単に「ねっけ」と呼んだり「そばねり」とも呼びます。冷めるとかたくなるので熱いうちにじゅうねん（えごま）たれをかけて食べます。ほんのり苦くねっとりとした食感のそばねっけに、じゅうねんの香ばしくとろりと甘いたれがよく合います。

昔から宮城県は米の生産がさかんでしたが、普段食べるのは白米ではなく、雑穀や麦の入ったご飯、大根を入れたかてめしで、小麦粉を使った「はっと」（p95）やそばねっけも米の代用品としてよく食べられていました。そばねっけはそば粉があればすぐにつくれるので手軽な料理。くるみだれをかけたり、野菜のたっぷり入った汁にねっけをスプーンですくって落としたりといろいろな食べ方があります。最近ではそばねっけを揚げた「揚げねっけ」もつくられるようになりました。

著作委員＝矢島由佳、野田奈津実、和泉眞喜子

撮影／高木あつ子

<材料> 4〜5人前

そば粉…180g
水…500mℓ
じゅうねんたれ
- じゅうねん（えごま）…60g
- 水…大さじ2強
- 砂糖…45g
- 醤油…40mℓ

そばねっけを170℃ほどの油で揚げた「揚げねっけ」

<つくり方>

1 じゅうねんたれをつくる。フライパンでじゅうねんを炒り、数粒はねだしたら火からはずす。
2 1をすり鉢でなめらかになるまでする。そのなかに水を少しずつ足していき、とろっとしたら砂糖と醤油を加えてよく混ぜる。
3 そばねっけをつくる。鍋にそば粉を入れ、少しずつ水を加える。ダマにならないように麺棒を使い、十分にかき混ぜる。
4 鍋を中火にかける。麺棒でゆっくりと円を描くようにかき回す。
5 しだいにねっとりとし粘りが出てきたら、すばやく一気にかき混ぜる（写真①）。鍋に焦げつかないように注意する。
6 鍋底が見えるようになったら火を消す。さらに力を入れて、十分にかき混ぜて練る。全体が粘ってきて、表面がなめらかになったらできあがり（写真②）。
7 ぬらしたへらでそばねっけを鍋からとり出し、器に盛る。冷めるとかたくなるため、熱いうちに2のじゅうねんだれをかけて食べる。

むきそば

〈山形県〉

「そば」といっても麺ではなく、殻を除いたそばの実（そば米）をゆでて、冷たいそばつゆをかけます。酒田をはじめとする庄内地方の家庭料理で、来客時のもてなし料理や精進料理の一品とされてきました。元は関西方面の寺院で食べられていたものが、北前船の西回り航路で酒田に伝えられ、料理屋でのもてなしの食膳にとり上げられ、家庭に広まりました。

乾燥したむきそばは茶色ですが、これは薄皮がついているためです。皮が残っていると舌ざわりが悪いので、ゆでたあとに粒が砕けないように洗いながらとり除くと、ふっくらとつややかな白いそばの実が現れます。口に入れるとむちっとした食感があり、なめらかな口当たりでのどごしがよく、すすりながらいただきます。

宴席の最後のしめとして出されることも多く、お酒とごちそうで疲れた体も癒されるそうです。食物繊維やビタミン、抗酸化成分のルチンなどが多く含まれ、健康面からも注目されています。

協力＝斎藤恵子、梅田光隆
著作委員＝佐藤恵美子

撮影／長野陽一

＜材料＞ 4人分

むきそば…100g
そばつゆ
- だし汁（昆布とかつお節の一番だし）…1.5カップ
- 醤油…大さじ3
- みりん…大さじ3
- 酒…大さじ3

- 鶏ひき肉…50g
- 塩…ひとつまみ（1g）
- 酒…小さじ1弱（4g）
- しょうが汁…小さじ2

- なめこ…20g
- だし汁…大さじ2
- 醤油…大さじ1

のり…2g
うずらの卵…4個
三つ葉…2g
ゆずの皮…適量

むきそばは、そばの実を蒸してから乾かして殻をむいたもの。ゆでてから使う。すぐに使える缶詰もある

＜つくり方＞

1 むきそばはよく洗い、塩少々（分量外）を加えたたっぷりの湯（むきそばの6倍量）で15分ほどゆでる。食べてみて芯がなければよい。そのまま蓋をして10分蒸らす。
2 ザルにあげ、薄皮が完全にとれるまで3回程度流水で洗い、水けをきる。
3 鶏ひき肉に塩、酒、しょうが汁少々を入れて混ぜ、しばらくおく。
4 だし汁と調味料を加熱してそばつゆをつくり、3の鶏ひき肉を入れて煮て、冷ます。
5 なめこをだし汁と醤油で3分ほど煮て、醤油なめこにする。
6 2のむきそばを深めの器に盛り、4のそばつゆと鶏ひき肉をかける。5の醤油なめこ、細く切ったのり、三つ葉、ゆずの皮のせん切りを飾り、うずらの卵を落とす。

◎むきそばはゆでて流水で洗うことで、シコッとした歯ざわりと光沢が出る。ゆですぎると粘りが出て、おかゆのようになるので気をつける。
◎わさびや、ねぎの小口切りを薬味にしたり、とろろいも、天ぷらなどを添えてもよい。

〈茨城県〉

けんちんそば

北茨城市、常陸太田《ひたちおおた》市、常陸大宮市、大子《だいご》町などの県北では、寒い冬の夜、また年越しにけんちん汁をかけたそばを食べます。昼夜の寒暖差があり、水はけのよい斜面が多くソバの栽培に適した地域だったことから、米の不足を補う意味もあり、江戸時代からソバ栽培がさかんで、現在は全国4位の産地です。昔は収穫したソバは製麺所で乾麺に交換してもらい、米が足りないときやけんちん汁をつくったときにゆでて食べたそうです。

けんちん汁は、農作物収穫後の11月下旬頃から、収穫祝いのお供えや人寄せの料理として、たっぷりの根菜類やイモからつくったこんにゃく、里芋の茎を干したいもがらを入れてつくられました。「けんちん」は何でもごっちゃに入っていることからつけられたといわれます。水戸藩では大晦日に、けんちん汁にそばをつける「つけけんちんそば」を食べる伝統があり、新ソバが出回る秋になるとそば屋のお品書きに「けんちんそば（かけ・つけ）」が加わります。

協力＝北茨城市食生活改善推進員協議会
著作委員＝渡辺敦子

撮影／五十嵐公

＜材料＞ 4人分

ゆでそば…800g

- 大根…1/4本
- にんじん…1/3本
- こんにゃく…1/4枚
- 里芋…2個
- いもがら…40g
- ごぼう…1/2本
- 長ねぎ…1/2本
- 豆腐…1/2丁

油…大さじ1

水…3カップ

醤油、みりん…各大さじ4

七味唐辛子…少々

＜つくり方＞

1 大根、にんじんは3mm厚さのいちょう切りにする。こんにゃくは短冊に切り、沸騰した湯で5分ゆでて水けをきってアクを抜く。里芋は皮をむき輪切りにして塩でもみよく洗う。いもがらはたっぷりの水で5分戻し、食べやすい大きさに切る。ごぼうは皮をこそげてささがきにする。

2 ねぎは斜めに切り、豆腐は1cm角に切る。

3 鍋に油を入れて1を炒め、水を加えて煮立ったらアクをとり、醤油、みりんを入れて調味する。具材に火が通ったら豆腐とねぎを加える。

4 そばを器に入れ、3を盛る。好みで七味唐辛子を加える。

◎味噌と醤油で調味する家庭もある。

〈栃木県〉

大根そば

県南西部の佐野市を含む、群馬県にまたがる両毛《りょうもう》地区では小麦の生産がさかんで、夕方には毎日のようにうどんを打って夕食にしました。そんな土地柄で、そばは主に来客やお祝いの席に出されましたが、「かてそば」といわれる大根そばは日常食として食べました。大根が混ざってボリュームが増えたそばは、さっぱりとして消化もよく、いくらでも食べられます。冷たいそばを温かい汁で食べるのが特徴です。昔のつけ汁は煮干しだしでしたが、鶏がらでだしをとると、とてもおいしかったそうです。

大根を混ぜるのは、米の次に貴重な小麦粉とそば粉の節約という意味合いもあったと思いますが、今では食物繊維たっぷりで消化のよい健康的な料理といえます。最近では、ゆでた大根を混ぜずにトッピングしたものや、生の大根をサラダのようにしてのせたものなども、市内のそば屋さんでは見受けられます。若い人には、普通のそばと大根そばを比べると大根そばの方が人気があるほどです。

協力＝藤田スミ
著作委員＝藤田睦、名倉秀子

撮影／五十嵐公

＜材料＞ 4人分

そば粉…300g
小麦粉（地粉）…130g
水…170〜220mℓ（粉の40〜50％）
打ち粉（そば粉）…適量
大根…300g
　（ゆで上げたそばの70％程度）
つけ汁
　だし汁（昆布とかつお節）…300mℓ
　醤油…90mℓ
　みりん…50mℓ
長ねぎ…適量

＜つくり方＞

1 大根は10cm長さに切り、皮をむき千突きで太めのせん切りにする。
2 たっぷりの湯を沸かし、大根をゆでて冷水をかけて冷ましておく。
3 だし汁に調味料を加えて煮立て、つけ汁をつくる。
4 そば粉と小麦粉を合わせてふるいにかける。
5 大きめのボウルに粉を入れ、水の70％を少しずつ加えて混ぜる。残りの水を粉の状態を見ながら少しずつ加える。
6 生地をひとつにまとめ、なめらかになるまでよくこねる。
7 麺板に打ち粉をふり、生地を麺棒で1〜2mmの厚さまでのばす。
8 5cm幅くらいにたたんで、包丁で1〜2mmの太さに切る。
9 たっぷりの湯にそばをほぐしながら入れ、浮き上がるまでゆでる。
10 ゆで上がったそばを水洗いし、大根を加えザルにあげる。
11 つけ汁を温め、温かい汁で冷たいそばをいただく。小口切りしたねぎを添える。

〈群馬県〉

大根そば

さっと火を通した大根の長めのせん切りと一緒に食べるそばで、シャキシャキと食感がよいものです。そばのカサ増し料理といえますが、野菜をゆでることで野菜のカサが減るので大量の野菜をとることができ、そばの食べ過ぎを防ぎます。食物繊維やカリウム、ビタミンCなども摂取できる、現代の食生活の改善にもつながるおもしろい食べ方といえます。

赤城山麓は水田の少ない地域で、荒れ地で栽培可能であり夏と秋の2回収穫できるソバは、自家用としても換金作物としても貴重なものでした。自家製のそば粉でつくる打ちたてゆでたてのそばは、客人に喜ばれるもてなし料理で、結婚式や葬式の宴の最後のしめの料理としてもふるまわれました。大根の他に季節のゆで野菜や、きんぴらごぼうを添えることもあり、この添え物を「こ」と呼びます。ゆで大根は、そばの芯にして1玉に仕上げることもありましたが、直接そばの上にのせ、見ばえよく盛りつけました。

協力＝狩野とく子、田子忠重
著作委員＝永井由美子

撮影／高木あつ子

<材料> 5人分

そば粉…400g
つなぎ粉（小麦粉）…100g
水…215mℓ
打ち粉（そば粉）…60〜100g
大根…200g（10cm長さのもの）
長ねぎ、わさび…適量
そばつゆ…かえし*、だし汁（煮干し）を1：4の割合で合わせる

*みりん1合（180mℓ）と砂糖160gを火にかけ、透明になったら醤油1升（1.8ℓ）を加え中火で温める。沸騰直前に火を止める。

<つくり方>

1 そば粉とつなぎ粉をふるってこね鉢に入れる。平らにした粉に1/2量の水を全体にかけ、両手で指を立てて混ぜる。次に両手で粉をすくいパラパラになるように粉を踊らせ、水を均一に吸わせる。
2 残りの水の1/4程度を加えると小さなかたまりがだんだん大きくなる。残りの水をさらに2〜3回に分けて加えてそば玉とする。この水回しの工程は10分くらいで行なう。
3 まとまったそば玉をポリ袋に入れて20〜30分ねかせる。
4 そば玉を袋から出し、表面がつややかになるまでこねる。
5 打ち粉を使い、のし台の上でそば玉を、手のひらの腹に力を入れ直径30×厚さ1cmくらいにのばす。
6 のし棒に生地を巻きつけ、打つ、のばすを繰り返し、縦80×横65cmの長方形にのばす。のし棒を使って生地の右半分を左半分に、下半分を上半分に、さらに下半分を上半分に重ね八つ折りにする。適宜打ち粉をふる。
7 まな板に6をのせ、生地の上にこま板をのせ、包丁の重みを利用して前に押し倒すように切る。切ったら包丁を少し傾け、また押し倒すように切る。
8 大鍋にたっぷりの湯を沸騰させ、温度が下がらない程度の分量（1〜2人前）を、打ち粉を落としてパラパラと入れ、そばが浮き上がったら1分弱で水にとる。流水にさらし、水が透き通るまでやさしく洗う。
9 大根は繊維にそってそばと同じ太さのせん切りにし、沸騰した湯で90秒程度ゆでる。水にとり1人分ずつに分け、そばと一緒に盛りつける。

〈神奈川県〉

そば

丹沢山地のふもとにある秦野《はだの》市はかつてタバコ栽培がさかんで、裏作でソバや小麦が作付けされてきました。そばを上手に打つには手間と技術が必要なので、手打ちがもてなしでした。人が集まるとそばをふるまい、とくに冠婚葬祭のあとはしめにふるまわれることが多かったそうです。

暮れから正月にかけてもよく食べられました。大晦日に食べるのは、長くてコシが強いことにちなみ、延命や幸福が長く続くことを祈り縁起物とされています。客が来たときにすぐに出せるようにと、たくさん打ってゆでて、ひと玉ずつ丸めてザルに入れ、井戸の中に吊るして保存をしていたそうです。現在のように冷蔵庫が普及していなかった時代の知恵です。冬は井戸の中に入れていても凍るので、さっと湯に通してから出しました。

そば粉の割合が多いと難しいので、そば粉と小麦粉が半々の5割そばや6対4でつくりました。たいてい冷たいつけ汁で食べますが、寒いときには熱い汁にすると体が温まりました。

協力＝山田洋子　著作委員＝櫻井美代子

撮影／五十嵐公

＜材料＞4人分

そば粉…200g
小麦粉…200g
ぬるま湯…175～200mℓ
打ち粉（そば粉）…適量
薬味（長ねぎ、大根おろし、わさび）…適量
そばつゆ
- 醤油…1カップ
- みりん…1カップ
- 水…4カップ
- かつお節、煮干し…各20g

＜つくり方＞

1. そば粉と小麦粉を混ぜ合わせる。
2. 分量のぬるま湯の約1/3量を少しずつ加え、指先で全体によく混ぜ合わせる。残った湯の半分も少しずつ加えて同様に混ぜ、残りの湯も加えて混ぜこむ。この間にだんだんと、小さいかたまりから大きいかたまりに、全体をひとつにまとめていく。
3. 表面がなめらかになるくらいまで、手のひらを使いながらよくこねる。
4. のし台の上に打ち粉をして3をのせ、上にも打ち粉をしてできるだけ薄くのばす。
5. 表面に打ち粉をして屏風だたみにして、細く切りそろえる。
6. たっぷりの湯でゆで上げ、冷水にさらしてしめ、ザルにとる。
7. そばつゆの材料を一緒に火にかけ、煮立ったら弱火にしてアクをとり、すぐにこす。冷まして、または熱い汁にそばをつけて食べる。薬味も添える。

〈富山県〉

利《と》賀《が》手打ちそば

旧利賀村（現南砺《なんと》市）は富山県の南西部に位置しています。旧平《たいら》村、旧上平《かみたいら》村と合わせた一帯を五《ご》箇山《かやま》といい、標高1000mを超える山々に囲まれた豪雪地帯です。隣接する岐阜県の白川郷とともに「白川郷・五箇山の合掌造り集落」が世界遺産に登録されています。稲作が難しい寒冷地なため、そばなど雑穀類が主食の補いでした。食事にはそば切り、おやつはそばがきだったそうです。そばは標高が高いほど粘りが出るといわれ、そのおいしさが自慢です。生地をのす際に麺棒を片手で操るのが利賀流ですが、できるだけ手早くするためにこうなったといいます。

聞き書き調査をした家では、明治24年から水車で臼を回していたそうです。初めはもぐさをつくっていたのが、雑穀類やそばの製粉が家業になりました。子ども2人は小さい頃からそばを打つ家族を見て育ったので、高校生になる頃にはもうそばを打っていたそうです。山から引いたおいしい湧き水が、そばの味を支えてくれています。

協力＝野原哲二、野原安奈
著作委員＝守田律子、深井康子

＜材料＞10人分

そば粉…5合
卵…1個
水…約200mℓ
打ち粉（そば粉）…適量
かけ汁
- 煮干し…100g
- 昆布…15g
- 水…1.6ℓ
- 酒…100g（100mℓ）
- みりん…100g（115mℓ）
- 醤油…100g（115mℓ）
- 塩…10g（小さじ2強）

長ねぎ…1本

＜つくり方＞

1 かけ汁をつくる。煮干しと昆布と水でだしをとり、酒、みりん、醤油を加えて煮立て、塩で味を調える。
2 木鉢にそば粉を入れ、中央にくぼみをつくり、溶き卵を入れ、箸で混ぜる。
3 水を加えて箸で混ぜ、手のひらでまとめる。最初は芯になるだんごをつくる（写真①〜③）。
4 芯のだんごに周りの粉を巻きこんでいく。手のひらの土手でこねる（写真④、⑤）。
5 全体をまとめる。耳たぶくらいのやわらかさになっているようにする（写真⑥）。ここまで5〜6分で仕上げる。
6 のし板と麺棒でのばす。打ち粉をまぶしてまず縦方向にのばし（写真⑦）、生地を横にしておよそ90cm四方、厚み1.5mmくらいまでのばす（写真⑧、⑨）。のばすのは10分以内で終える。
7 麺棒を定規代わりにして生地を約20cm幅に切る（包丁の刃渡りの幅）（写真⑩）。切った生地を重ね、菜切り包丁で2mm幅に切る（写真⑪）。
8 たっぷりの水（約8升）に麺をしめるために塩約50g（分量外）を入れ、沸騰させる。そばをパラパラと入れて泳がせ、再沸騰してから15秒後に引き上げ水でしめる。
9 1人分約140gを器に入れ、温めたかけ汁をかけ、ねぎの小口切りをのせる。

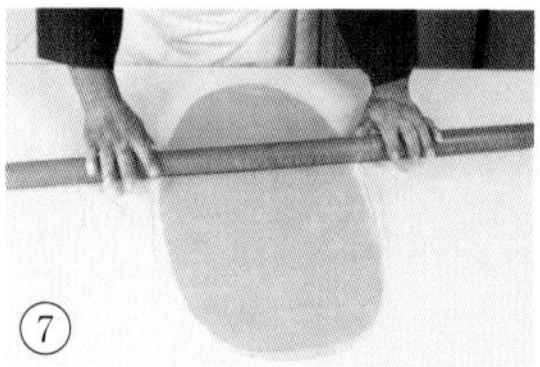

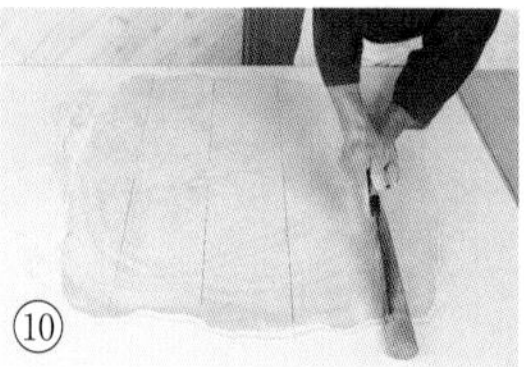

撮影／長野陽一

〈福井県〉
おろしそば

福井といえば、おろしそば。大晦日の夜、年越しに冷たいおろしそばを食べる習慣があります。また、浄土真宗の開祖・親鸞聖人《しんらんしょうにん》の徳を慕う「報恩講《ほうおんこう》」の夜食にふるまったり、結婚式で妻側の父母が帰るときにも出していました。娘がこの家で細く長くいられるようにとの願いがこめられているそうです。おろしそばはどんぶりではなく、そば鉢に盛るのが一般的です。

福井でよく食べられる越前そばは、黒い殻までひいたそば粉を使うので、色が黒く、香りのよいそばです。おろしにする大根は、辛味の強いものや旨みの強いものなど、地域によってさまざまです。大根おろしは、そばにのせたりかけ汁に混ぜてあったりします。またおろしを混ぜた汁はそばにかけた状態で供することも、自分でかけるようになっていることもあり、いろいろです。共通しているのは、大根おろしは多めで、すりおろしたすべてを使うこと。大根おろしの繊維がそばに絡んで、たくさん食べられるといわれています。

協力＝窪田春美
著作委員＝森恵見、佐藤真実

撮影／長野陽一

＜材料＞5人分

そば（生）…5玉（約500〜600g）
かけ汁
- だし汁（昆布とかつお節）…2カップ
- 醤油…1/2カップ
- みりん…1/2カップ

大根おろし…大根1/2本分
長ねぎ…適量
花かつお…1カップ

＜つくり方＞

1 かけ汁をつくる。だし汁と醤油とみりんを合わせてひと煮立ちさせる。冷やしておく。
2 そばをたっぷりの湯でゆでる。途中で差し水をし、好みのゆで加減になったらザルにあげ、冷水で洗い水けをきる。
3 器にそばを盛り、かけ汁をかけ、大根おろしを添え、刻んだねぎと花かつおをかけて食べる。

◎かけ汁に大根おろしを加えてからそばにかけてもよい。

〈岐阜県〉
しまいそば

大晦日のお昼に食べる、今年はもうおしまいという意味の「しまいそば」です。年越しそばは県内各地で食べられ、具はねぎだけというものから天かすや天ぷら、にしんがのるものなどさまざまです。中濃圏域にあって町の7割を山林が占める川辺町では、大根と油揚げがたっぷりのった汁そばをしまいそばにしてきました。

昔は、家々で手打ちした生のそばをゆでることが多かったといいます。お寺では、年越しそばとして、たくさんつくってふるまわれたようですが、聞き書き調査をした家庭の大みそかの昼食には、家族10人分ほどを毎年準備したそうです。正月三が日は女性は料理をつくらないので、その分暮れは準備で忙しいのと、もうすぐごちそうが食べられることから、家にある身近な冬野菜を具材にして簡単に、あっさりと済ませたのかもしれません。

派手さはありませんが、大根の甘さ、油揚げの油が醤油と煮干しのシンプルな汁と相まって、風味のよいそばです。

協力＝加藤とめこ　著作委員＝西脇泰子

撮影／長野陽一

<材料> 10人分

そば(生)…1〜1.2kg *
かけつゆ
- 煮干し…40〜60g
- 水…2〜2.5ℓ
- 大根…1/2本(約500g)
- 油揚げ…3〜4枚(90〜120g)
- 醤油…180〜200mℓ

かまぼこ…小1本(約150g)
長ねぎ…約1本

*ゆでそばなら1.5kg、乾麺なら600〜800g(いずれも10人分)。

<つくり方>

1 煮干しだしをとる。鍋に水と煮干しを入れ、30分程度つける。忙しければ朝からつけておいてもよい。鍋を火にかけ、煮立ったら10分程度煮る。アクは丁寧にとる。
2 大根は大根突きで突く。1に大根と細切りの油揚げを入れて煮る。大根がやわらかくなったら、醤油を加え味を調える。
3 かまぼこは適当な厚さに切る。ねぎは斜め切りにする。
4 湯をたっぷり沸かし、そばをゆでる。
5 ゆで上がったそばをどんぶりに入れ、2のかけつゆと大根、油揚げをたっぷりのせて、かまぼことねぎを盛りつける。

〈長野県〉

干葉《ひば》のおこがけ

県北の長野市鬼無里《きなさ》を代表する料理の一つで、ゆでた麺をとうじかごに入れて、そのかごを温かい汁で温めて食べる「とうじそば」「おとうじ」の一種です。おとうじは県内各地で食べられていますが、鬼無里では野沢菜や大根葉を干した干葉の味噌汁を使うのが特徴です。おこがけは「おこうがけ」ともいいます。もともと日常食でしたが、現在では客のもてなしや、人寄せのときの酒宴のおつもり（最後）に出されます。干葉独特の、日なたの香りのするひなびた味が好まれています。

干葉は、野沢菜や大根葉を竿や縄にかけて乾燥させるため、かけ菜《な》とも呼び、青菜の不足する冬場の食材にしました。おこがけの干葉汁の材料は自由で、油揚げ、にんじん、玉ねぎ、肉類など好みの材料を入れます。酒粕を入れて粕汁にすると体がポカポカと温まる汁になります。昔は干葉を風呂に入れて干葉湯も楽しみ、風呂に使った干葉は、最後は肥料に無駄なく利用しました。

協力＝小林貞美、大日方聰夫、戸谷けさ子
著作委員＝中澤弥子

＜材料＞ 4人分

そば（乾麺）…適量
干葉（戻したもの）*…150g
味噌…50g
長ねぎ…1/2本
だし汁（煮干し）…750mℓ

*野沢菜や大根葉を干して乾燥させたもの。1日ほど水に浸して戻し、茎がやわらかくなるまでゆでる。ゆで水に浸したまま冷まし、何度か水を替え、水が透明に近くなるまでさらにゆでて、アクを抜く。

＜つくり方＞

1 そばをゆでて水で洗い、水をきっておく。
2 だし汁に細かく刻んだ干葉を入れて火にかけ、火が通ったら味噌を入れる。
3 ゆでたそばをとうじかご**に入れ、2の汁に浸して温める。
4 そばを器に盛り、具と汁を上からかけ、粗みじん切りにしたねぎをのせる。

◎すったえごまをのせると香りがよくおいしい。

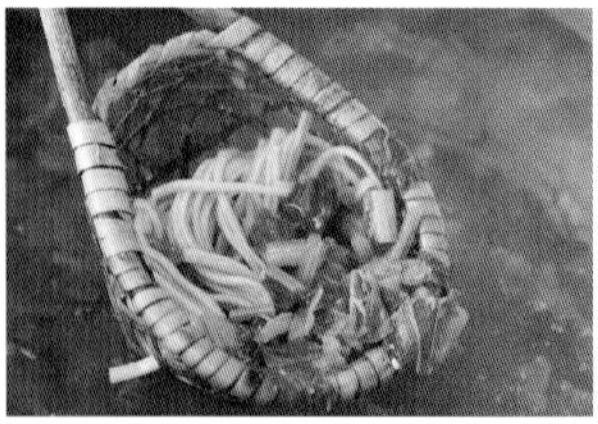

**とうじかごは、根曲り竹でつくられた柄つきの小さなかご。ゆでたそばを入れて、かごごと汁に沈めてそばを温める

干葉を使った料理

奥から干葉の粕汁、干葉のおこがけ、干葉のかいもち

干葉は、秋に収穫した野沢菜や大根の葉を竿や縄にかけて冬までそのままおいて乾燥させたもので、使いたいときにはずして使った。球状にして、雪の中で保存することもあった。粕汁は干葉の味噌汁をつくり、酒粕を加えてつくる。かいもちはそばがきのことで、干葉のかいもちは、そば粉に干葉の味噌汁を加えて混ぜ、鍋に入れて火にかけて練る。

鬼無里ではさまざまなものを干して保存する。左奥から凍み大根、干しかぼちゃ、干しなす。手前が野沢菜を干した干葉

撮影／高木あつ子

〈滋賀県〉
伊吹そばと伊吹大根おろし

伊吹そばは、県北東部に位置する伊吹山麓で古くから栽培されてきた在来のソバで、実が小粒で香りが強いのが特徴です。かつてはどの家でもソバを育てており、石臼で粉にひいては、そばがきやだんごにして汁に入れたり、大晦日にそばを打って食べていました。最近では家庭でそばを打つことはなくなりましたが、乾麺や生麺を買ってきては楽しんでいます。

このそばの薬味として欠かせないのが伊吹大根です。伊吹山周辺の山の畑でつくられているので「峠大根」とも呼ばれます。やせ地で寒冷な場所のため、辛みの強い大根ができると江戸時代から有名でした。ピリリと辛いおろし大根は香りの強い伊吹そばによく合います。加熱すると辛みが飛んで甘くなるうえ、肉質がしっかりとしていて煮崩れしないので、ふろふき大根や煮しめにも使いました。他にもたくあんや浅漬けにしたり、葉はじゃこと炒めたり干し葉にしておひたしにと、余すことなく食べられています。

協力＝前澤静尾
著作委員＝小西春江

撮影／長野陽一

＜材料＞ 4人分

そば（乾麺）…400g
伊吹大根…8cm（320g）
青ねぎ…1本（20g）
だし汁（昆布とかつお節）…5カップ
うす口醤油、みりん
…各大さじ1と1/3
塩…小さじ1と1/3

＜つくり方＞

1 だし汁を火にかけ、沸騰したら調味料を加えて味を調え、そばつゆをつくる。
2 伊吹大根はすりおろす。ねぎは小口切りにする。
3 そばはゆでて、ザルにあげてから水けをきり、器に盛る。温めたそばつゆをかけ、大根おろしとねぎを添える。

伊吹大根。長さは15〜20cmと小ぶりで首元や茎元は赤紫色になっている

撮影／高木あつ子

＜材料＞4人分

身欠きニシン（ソフトタイプ）
…やや小さめ4枚（約400g）

A
- 醤油…大さじ3
- みりん…大さじ2
- 砂糖…大さじ2
- 酒…大さじ3
- 水…1カップ

ゆでそば…250g×4玉
九条ねぎもしくは長ねぎ…約15cm
そばつゆ
- だし汁（昆布と厚削り節）…5カップ
- うす口醤油…大さじ3
- みりん…大さじ3
- 塩…小さじ1

のり（好みで）…適量

＜つくり方＞

1 ニシンは水洗いし、エラや尾を切り落とす。
2 熱湯をくぐらせて余分な脂や臭いをとり除き、水にとる。水中で丁寧にウロコなどをとり除く。
3 形を整えて、Aでアクをとり除きながら煮含める。弱火で煮汁がほとんどなくなるまで20〜30分煮る。
4 だし汁を調味し、そばを入れて温める。
5 器にそばを盛りつけ、3のニシンの棒煮をのせ、そばでニシンをかくす。
6 つゆを注ぐ。小口切りにしたねぎを添える。好みでのりを添えてもよい。

〈京都府〉

にしんそば

京都名物のにしんそばは、にしんがそばに隠れています。見栄えがよいからともいわれますが、食べ進めるにつれ、にしんから味が染み出て、味に変化をつけるのに役立っています。

身欠きにしんは海から離れた京都の食生活には欠かせないたんぱく質源でした。小骨が多い魚ですが、甘辛くほっこりと炊いたにしんの棒煮は食べやすいものです。季節の野菜ととり合わせて年中利用しますが、昆布巻きなどハレの日にも登場します。中でもそばとの組み合わせがおいしく、にしんそばは広く好まれてきました。京都市内から府南部にかけては、年越しに、にしんそばを食べることがよくありました。お節料理用につくった棒煮があるので、そばにのせて食べたのでしょう。そばの麺は近所の食料品店で買うことが多かったようです。

近年はかちかちに乾燥した昔ながらの身欠きにしんより、下処理の簡単なソフトにしんを使うことが多くなっています。

協力＝山吹一格
著作委員＝豊原容子、福田小百合、米田泰子

〈島根県〉

めかぶそば

島根といえば出雲そばが有名ですが、隠岐《おき》地域も冠婚葬祭にはごちそうとしてそばを打ち、そのならわしは今も残っています。江戸時代から植林が行なわれてきた隠岐では、植林のために広葉樹を伐《き》って焼き払うことを「あらあけ」と呼び、焼いた後に杉などを植え、その苗木の間にソバをまきました。

隠岐のそばはそば粉100％で、つなぎを使いません。食べ方にも特徴があり、ゆでたてを直接器に入れて、温かい濃いめのつゆをかけます。だしは焼きさばで、近海でとれた新鮮な生のさばを焼き、身をほぐしたものを調味料で煮て、香ばしいさばの身も一緒に食べます。ここに、めのは（わかめ）の根っこの部分のめかぶを細かく切り、とろとろにしたものをかけます。そばが切れやすいのでこれらを一緒にかきこみ、そば、さば、めかぶの濃厚な旨みと食感を楽しみます。

隠岐では料理によってだしの素材を変え、そうめんはあっさりしたあご（とびうお）だしで食べることが多いそうです。

協力＝宮本美保子、松田照美、野津保恵、馬場モトエ　著作委員＝石田千津恵、藤江未沙

<材料> 10人分

隠岐そば（生）…1kg
サバ…300g（2尾分）
- 水…800mℓ
- 醤油…150mℓ
- うす口醤油…60mℓ
- 酒…100mℓ
- みりん…100mℓ

めかぶ…300g

<つくり方>

1 サバを三枚におろし、香ばしく焼く。熱いうちに小骨と皮をとり除き、身を細かくほぐす（写真①）。鍋に水を入れ、ほぐした身を入れ（写真②）、調味料を加えて沸騰するまで煮る。

2 めかぶはごく細かく刻む（写真③）。沸騰しているお湯をかけ、色が鮮やかになるまでさっと熱湯にくぐらせる（写真④）。

3 そばをたっぷりの湯で1〜2分ゆでる。市販のそばは記載どおりゆでる。お湯をきって熱いまま器に盛り、1の焼きサバ入りのそばつゆをかけ、2のめかぶをのせる。

隠岐そばの打ち方（10人分）

1 そば粉700gに水（350mℓ）の8割を加えて、指を立てながらまんべんなく混ぜる。つなぎになる小麦粉が入らないため、すべて手早く作業する。

2 残りの水の半分を加えて同じように混ぜ、粉が水を吸い色が濃くなってきたら、かたさを調整しながら残りの水を加える。

3 小さなかたまりをまとめて、大きなかたまりにする（荒ごね）。

4 表面につやが出るように均一にこねたら（菊ごね）、のし板に打ち粉（そば粉）をして、生地をのせて手のひらで円になるように押し広げる。

5 生地が広がってきたら、麺棒に巻きつけて厚さ2mmに薄くのばす。

6 生地をたたんで、そば包丁で細く切る。

撮影／高木あつ子

〈徳島県〉

そば切り

県西部の山奥、三好《みよし》市祖谷《いや》地域で食べられているそば粉だけで打ったそばです。祖谷は急な傾斜地が続く地形になっており、他の地域との交流も少なく、平家の落人が逃げのびて住みついたという伝説もあるほどです。冷涼な気候なので、昔から稲ではなく、ソバが栽培されてきました。

つなぎを入れずに打ったそばは切れやすくはなりますが、打ちたての香りと味は格別です。ザルに盛って出すのではなく、温かいつゆに入れて出すのは寒い地域ならではの食べ方。温かく、だしのうま味たっぷりのつゆで食べるとおいしく、正月や祭りなどのハレの日に出されると皆おかわりをして食べます。

切れやすいそばを上手に打つには、豊富な経験と技術が必要です。長時間こねるのは力がいりますが、祖谷では男も女もそばを打ちます。皆、子どもの頃に親がそばを打つ姿を見ているうち自然と覚えたそうです。入れる水の分量もその日の気候に合わせて変えています。

協力＝津山節子、新居美佐子、津山好玄、石原ハヤミ　著作委員＝松下純子、坂井真奈美

＜材料＞ 4人分

そば粉…500g
水…280mℓ
打ち粉（そば粉）…適量
かまぼこ（赤板付き）…5㎝
油揚げ…1枚
青ねぎ…1本
水…1ℓ
煮干し…60g
昆布…10g
干し椎茸…10g
醤油…大さじ4（72g）
みりん…大さじ3と1/3（50g）
砂糖…大さじ2強（20g）

＜つくり方＞

1 かまぼこは斜めに薄切りする。油揚げは細めの短冊に切る。ねぎは小口切りにする。
2 水に昆布、煮干し、干し椎茸を入れて2時間くらいおく。ひと煮立ちさせて、昆布と煮干し、干し椎茸をとり出す。
3 **2**に調味料を加えて味を調える。
4 そばを打つ。そば粉をボウルに入れ、水を2〜3分かけて少しずつ加えながら手で混ぜる。キャップに小さな穴をあけたペットボトルを使うと一度にたくさん水が出ることがなくて便利（写真①）。最初はぽろぽろとしたそぼろ状になるが、それをひとかたまりにまとめていく（写真②、③）。
5 ひとまとまりになったら、表面がなめらかになるまで（写真④）10分ほどよくこねる。こねが足りないと切れやすい麺になる。
6 のし板に打ち粉をふり、その上に生地をおく。生地にも打ち粉をふりながら麺棒で生地を丸く平らにのばす（写真⑤）。直径が40㎝ほどになったら麺棒に巻きつけて手前に引くを繰り返し、さらに生地をのばす（写真⑥、⑦）。
7 厚さ3㎜くらいになったら、生地同士がくっつかないように打ち粉を多めにふって三つ折りにたたむ。端から包丁で3㎜太さに切る（写真⑧）。切った麺同士がひっつかないように軽くほぐしておく。
8 そばはたっぷりの湯でゆで、水にとって水の中でもみ洗いし、ザルにあげる。
9 椀にそばを入れ、温めた**3**を注いでかまぼこを2枚のせ、油揚げとねぎを添える。

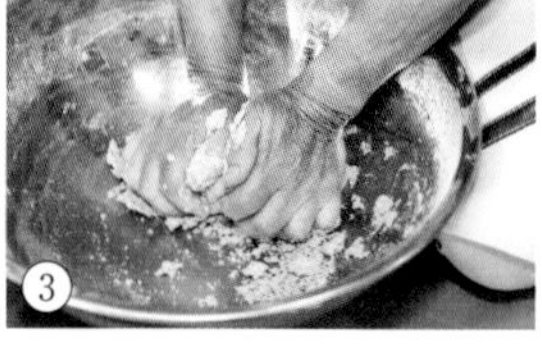

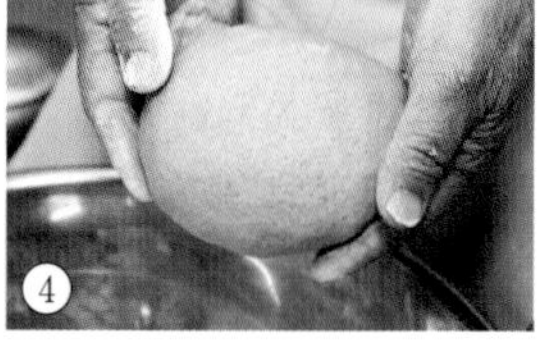

撮影／長野陽一

〈岡山県〉

けんちんそば

自家製のそば粉でそばを打ち、自家用畑の野菜をたっぷり使い、ちくわでごちそう感を出したそばです。来客時や大晦日には、飼っていた鶏をつぶして入れました。とくに寒い季節には打ちたてのそばとけんちん汁の組み合わせは格別です。里芋があれば、ぜひ入れたいもの。ボリュームが出てとろみもつき、体が温まります。

県中西部に位置する高梁《たかはし》市は、大半が吉備高原上の丘陵地からなる中山間地域です。平地が少なく米はあまりとれず、とれるのは麦、きび、ソバ、豆、いも、野菜などが中心です。ソバは、たばこ栽培が終わった8月下旬から植えても、冬の前に収穫できるので大切な作物でした。大豆もさかんに利用し、呉汁や手づくり豆腐の入ったけんちん汁をよく食べました。

来客があると「ちょっと待ちょってよ」と言ってそばを打ち、けんちんそばをふるまいました。今は市販のそばを使う家が多くなりましたが、大晦日にけんちんそばを食べる風習は続いています。

協力＝藤野貴美恵、藤森トモエ、内藤百合
著作委員＝槇尾幸子

撮影／長野陽一

＜材料＞ 4人分

そば粉…300g
中力粉…75g
水…170mℓ
豆腐…150g
大根…80g
にんじん…1/2本（60g）
ごぼう…1/3本（60g）
油揚げ…30g
ちくわ…1本（80g）
油…大さじ1
だし汁（煮干し）…4カップ
塩…小さじ1/2
醤油…大さじ2
みりん…大さじ1
青ねぎ…4本（20g）

＜つくり方＞

【そば切り】

1 そば粉と中力粉をよく混ぜ、水を徐々に加えてこねていく。水は加減しながら加える。耳たぶよりはややかためにまとめる。
2 板の上にそば粉で打ち粉（分量外）を敷き、麺棒で麺生地を薄く1.5mmの厚さにのばしていく。
3 麺生地に打ち粉を十分振って、13〜15cmの幅にたたみ、包丁で1.5〜2mmの幅に切る。
4 たっぷりの湯でゆでザルにすくい上げ、冷水にとり、手でもむように洗う。ゆで汁はとっておく。

【けんちん汁】

1 豆腐は、布巾に包んで粗くつぶし、軽くしぼって水をきる。
2 大根とにんじんはいちょう切り、ごぼうはささがき、油揚げは短冊、ちくわは半月に切る。
3 鍋に油を熱し豆腐をよく炒め、ごぼう、大根、にんじんを順番に加え、全体に油が回るまで炒める。だし汁を加え、油揚げ、ちくわを加えて、野菜がやわらかくなるまで煮る。
4 塩、醤油、みりんで味を調え、小口切りしたねぎを加える。

【けんちんそば】

1 温めたそばのゆで汁にそばを5秒ほどつけて湯切りし、熱々にする。
2 そばを器に入れ、熱々のけんちん汁をかけていただく。

〈宮崎県〉 そばじゅい

鹿児島との県境に近い都城《みやこのじょう》盆地は、シラス台地に覆われ、田が少なく小麦も多くはとれませんが、さつまいもやソバができます。標高の高い西岳のそば粉はおいしく、一年中、そば切り（かけそば）やかきそば（そばがき）、そばじゅい（そば汁）などにして食べられました。

夜のご飯が少ないときや寒い夜には、そばじゅいをつくりました。ぶっこんそば、そばんしゅいとも呼ばれ、そば切りよりやわらかくこねて幅広や太めに切り、たっぷりのだし汁と野菜を煮た中に生のまま投げこみます。汁が少ないとそばがくっついて固まるので、だし汁はたっぷり入れます。野菜の旨みがしみこんだそばと、とろみのついた汁は体が温まり、忙しくても簡単につくれて野菜もたっぷり食べられるので重宝されました。

だしは、普段はいりこですが、特別なときは鶏をつぶしました。家にある材料だけですが、新鮮なそば粉と畑でとれた季節の野菜、自家製の醤油でつくったものは本当においしかったそうです。

協力＝西トミ、都城西岳加工グループ
著作委員＝秋永優子、篠原久枝

撮影／高木あつ子

＜材料＞ 5人分

- そば粉…200g
- 水…100mℓ（そば粉の50％）

打ち粉（そば粉）…適量
大根…5〜6cm（200g）
にんじん…2/3本（100g）
里芋…5個（200g）
干し椎茸（中）…3枚
厚揚げ…1枚
青みの野菜…適量
だし汁（いりこ＋椎茸の戻し汁）…2ℓ
醤油…70mℓ（だし汁の3.5％）

◎材料はごぼう、長ねぎ、白菜など季節の野菜やこんにゃくなど、家にあるものでよい。

＜つくり方＞

1. 大根とにんじんは5mm厚さのいちょう切り、里芋は1cm厚さのいちょう切りにする。干し椎茸は水で戻して四つ切り、厚揚げは食べやすい大きさに切る。
2. だし汁に1を入れ、野菜がやわらかくなったら、醤油を入れて味を調える。
3. そばを打つ。まずそば粉を広げるようにし、水の半量を全体にパラパラとかけ、粉に水をまぶしつけるように混ぜる。この段階ではポロポロとした状態。両手ですり合わせ、全体がパラパラとした状態になったら、残りの水を加えて生地をまとめてこねる。打ち粉をして、麺棒でそば切りよりやや厚めにのばし、やや太めに切る（写真①）。長さはそば切りより短くてよい。
4. そばを2に入れ、ひと煮立ちしたらひと混ぜし、青みの野菜を入れて火を止める。

◎そばを鍋に入れたら煮すぎない。そばの香りや旨みがなくなり、歯ごたえが悪くなる。汁もにごり、鍋底が焦げつきやすくなる。

〈宮崎県〉

わくど汁

わくど汁は、そばのだご汁のことです。椎葉村《しいばそん》の山中に源を発する耳川《みみかわ》流域では、カエルをわくどと呼びます。だんごに火が通ると浮き上がってきて、カエルが顔を出しているように見えることからその名がついたそうです。

村の西端部に位置する向山日《むかいやまひ》添《ぞえ》地区では現在も焼畑が行なわれ、ソバが栽培されています。わくど汁は、そば切りより簡単ですぐにでき、水溶性のそばの栄養素もすべて食べられるので、秋ソバがとれるとよく食べました。

そばだんごは、水でかたくこねる家庭もあれば、そばがきのように火にかけて練ってつくる家庭もあります。ここで紹介したものはお湯でこねて玉じゃくしで切り入れますが、湯の温度や分量の加減が難しく、生地がゆるいと汁の中でだんごが広がってしまうそうです。父親も祖父も猟師という家庭では、普段は味噌汁で食べるが、しし肉が手に入ったときは醤油味で仕上げるそうです。家々のわくど汁が今もつくられています。

協力＝椎葉ミチヨ、椎葉クニ子、椎葉キク子
著作委員＝篠原久枝、長野宏子

<材料> 4人分

- そば粉…60g
- 湯（約70℃）*…95mℓ
- 干し椎茸…8枚
- ごぼう…2/3本（100g）
- いりこ…20g
- 水＋椎茸の戻し汁…4カップ
- 米と麦の合わせ味噌…50g
- 小ねぎ…4〜5本（20g）

*熱湯ではそば粉が糊化しやすく、かたまりとなってきれいな形にならない。

<つくり方>

1 干し椎茸を水につけ、冷蔵庫で一晩戻す。
2 戻した椎茸をせん切りにする。ごぼうは皮ごと大きめのささがき、ねぎは小口切りにする。
3 いりこと、干し椎茸の戻し汁を加えた水でだしをとる。
4 だし汁にごぼうと椎茸を入れて煮る。野菜が煮える間にそばだんごの生地を用意する。
5 そば粉をボウルに入れ、湯を注いで菜箸でよく混ぜる（写真①）。かたさは、文字が書けるくらいで、ボウルを傾けると線が消える程度。
6 4に味噌を入れて味を調える。
7 沸騰した6に、5を玉じゃくしで、ゆで上がったときにひと口大になる量を、切るように落とし入れる（写真②）。
8 浮き上がってきたら火が通っているので（写真③）、椀に盛りつけ、ねぎを散らす。

椎葉のソバ畑。畑では草刈り後、焼いてから種をまく。椎葉では山の斜面で焼畑が行なわれており、火入れ後にまくのがソバ。2年目にヒエとアワ、3年目に小豆、4年目に大豆と順に輪作し、その後、栗やクヌギを植えて25〜30年かけて山の回復を待つ

撮影／高木あつ子

〈鹿児島県〉

そまんずし

そまんずしは、そばの雑炊《ずし》のことです。昔は寒い冬の夕食に囲炉裏を囲みフウフウ吹きながら食べ、体の芯から温まりました。

米が少なかった鹿児島の農村部では、米の代用食としてそばが広く用いられました。火砕流が堆積してできたシラス土壌は、やせ地で米や小麦の生育が悪かったため、生育期間が短く、手間がかからず肥料を必要としないソバは大切な作物でした。戦前は北海道、長野県につぐ生産量があり、戦後の食糧難時代にはさつまいもとともに住民の命を支えました。

そまんずしは、通常より太めに切ったそばを粉がついたまま鍋に入れて煮こむので、汁にドロドロしたとろみがつきます。そのため、川辺町では「どろずし」と呼びます。南薩地方ではその地でとれた生きのいいさばでつくった火ぼかしを用いるためコクがあります。翌日に残ったものは汁が煮つまり濃厚な味わいになっており、ご飯にかけて食べるのがおすすめだそうです。

協力＝上野絹子、川原銘子、鶴田アツ子、福司山エツ子　著作委員＝木戸めぐみ

<材料> 4人分

- そば粉…250g
- ぬるま湯（30〜35℃）…130mℓ強
- サバの火ぼかし（さば節）…80g
- 水＋椎茸の戻し汁…1.4ℓ
- 大根…3cm（100g）
- にんじん…1/3本（60g）
- 里芋…2〜3個（100g）
- 干し椎茸…3枚
- ふだんそう*…100g
- 葉ねぎ…4g
- 酒…大さじ2
- うす口醤油…大さじ3〜4
- 塩…小さじ1
- 七味唐辛子…適量

*西日本を中心に栽培されてきたテンサイの亜種。耐暑性、耐乾性が強く一年中利用できる。南九州地域ではとくに冬から春に利用した。

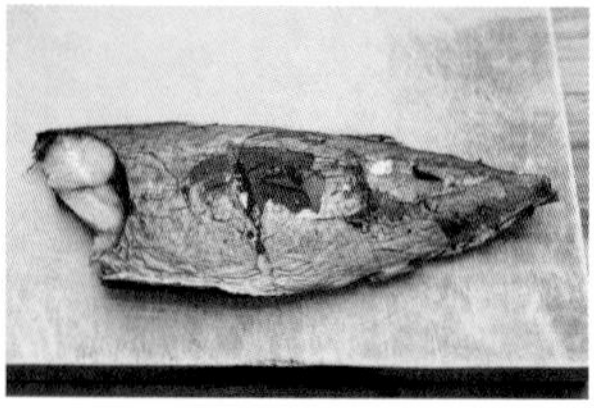

サバの火ぼかし。三枚におろしたサバに竹串を刺して、火（遠火の強火）で素焼きする。濃厚なコクとうま味があり、そばやうどんのつゆ、味噌汁、煮物、鍋料理などにも使う

<つくり方>

1. そばを打つ。そば粉にぬるま湯を加えて耳たぶくらいのかたさにこね、のし棒でのばして、太めに切る（写真①）。
2. サバの火ぼかしは、骨を除きながら細かく裂く。
3. 干し椎茸は水で戻す。大根、にんじん、戻した椎茸は短冊切り、里芋は1cm幅の半月に切る。ふだんそうは2cm長さ、葉ねぎは小口切りにする。
4. 鍋に水と椎茸の戻し汁、**2**のサバ、大根、にんじん、椎茸、里芋を入れてやわらかくなるまで煮る。
5. 途中でふだんそうを加えて煮こみ、酒、醤油、塩で調味する。
6. 煮立たせたところに、そばを粉つきのまま、パラパラと入れて3〜4分煮こむ（写真②、③）。
7. 器に盛り、葉ねぎを散らし、七味唐辛子をふる。

◎30〜35℃のぬるま湯でこねることで、ほどよい粘りが出て、そばのつながりがよくなる。

撮影／長野陽一

〈新潟県〉

へぎそば

魚沼地方(小千谷《おぢや》、十日町《とおかまち》)に伝わる、布海苔《ふのり》をつなぎにしたそばです。「へぎ」という30×50cmほどの器に盛るので「へぎそば」と呼ばれます。そばをひと口分ずつ水をきる動作から「手振りそば」ともいいます。丸めたそばを30個ほど並べたへぎが3〜4人分です。今は家庭でつくることはほぼありませんが、宴会や出前、外食で祝いごとには欠かせません。

このあたりは古くから麻織物の産地で、糸を紡ぐ際の糊に布海苔を使っていました。それが、いつからか、宴席などにふるまう手打ちそばのつなぎにも使うようになったと言われます。コシが強く、しなやかで、ツルツルしていて、のどごしがよいことが特徴です。現在は専門店が布海苔を銅鍋で煮て特注の機械で練るため、深い緑色でかたいのりができ、そばも少し緑色がかっています。

店のものと同じにはなりませんが、乾燥布海苔7gを水250mℓでふやかし、150g程度まで煮つめ、そば粉250gにすり混ぜてよく練ると、手打ちの布海苔そばができます。

協力＝和田正樹　著作委員＝山口智子

布海苔(乾燥)。紅藻類で、紅色から紫色を呈する

銅鍋で煮て製あん機を改造した機械で練りあげたのり

手振り。ひと口分ほどをすくいとり、水をきる

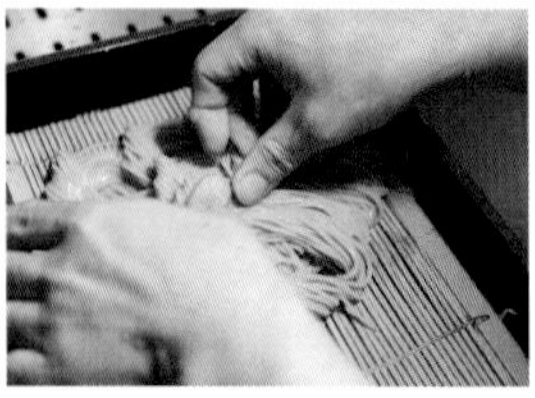

糸の束のように丸めて「へぎ」に盛りつける

撮影／高木あつ子

うどん

夏はさっぱりと冷や汁で、冬は体が温まる煮こみで、また大勢で鍋やたらいを囲んで食べる釜揚げでと、うどんの食べ方は多彩です。手打ちうどんが日常だった小麦産地から、うどん屋が身近だった都市部まで、誰にも愛されたうどんの数々です。

〈山形県〉

うどんのあんかけ

庄内地方の行事食やもてなし料理のひとつです。川でふ化して海に出て成長し最上川《もがみがわ》や赤川に戻ってきた川マス（サクラマス、収穫量が少なく珍重されている）と、マス料理と相性のよいにら、昭和初期までは貴重品だった鶏卵をゆでてうどんにトッピングし、みたらしだんごのたれのような甘いあんをたっぷりかけます。

江戸時代、砂糖や塩が北前船で運ばれ酒田の料亭文化の礎になりましたが、一般家庭では砂糖やうどんは高価で手に入りにくかったため、甘いあんをうどんにたっぷりかけることはごっつぉ（ごちそう）の証であり、その家の繁栄を示すものでした。ひと昔前までは法事などの仏事にも利用されましたが、現在はおもに5月の酒田まつりや鶴岡天神祭、お盆などに食べられています。現在では若い人が食べなくなったと聞きますが、幼い頃から食べ続けてきた年代の方にとってはやはり、お祭りのごちそうであり、庄内地方の食文化を語るうえで欠かせない料理です。

協力＝佐藤由紀子、佐藤めぐみ、平尾静子
著作委員＝平尾和子

撮影／長野陽一

＜材料＞ 4人分

川マス*…4切れ
A ┌水…1カップ
　 └うす口醤油、酒、みりん…各大さじ2
うどん（乾麺）…200g
ゆで卵…2個
にら…1束（100g）
おろししょうが…30g

【あん】
水…2カップ
砂糖、醤油、酒…各1/3カップ
┌かたくり粉…1/3カップ
└水…1/3カップ

*5月はマスを用いることが多いが、サケでもよい。

＜つくり方＞

1. 鍋にAを合わせ、沸騰したら川マスを入れて煮つける。
2. 乾麺は半分に折って好みのかたさにゆで、水で洗う。
3. あんを練る。鍋に水と調味料を入れて沸騰させたところに、水溶きかたくり粉を少しずつ注ぎ、木べらでかき混ぜながら中火で練る。
4. 器に水きりしたうどんを盛り、その上に1の川マス、ゆでて食べやすい長さに切ったにら、ゆで卵1/2個をのせ、あんをかけ、おろししょうがを添える。

◎川マスの加熱方法は、酒田地域では「調味料で煮つける」、鶴岡地域では「調味料を加えずに蒸す」ことが多い。また、切り身ではなく粗くほぐして盛りつけることもある。

◎あんは、水溶きかたくり粉を入れて再沸騰してから5分程度しっかり加熱する。火から下ろしてからも練り続けると、あんにつやとコシが出て戻りにくい。すべての材料を鍋に入れて中火で練る方法もある。

<材料> 4〜5人分

うどん（乾麺）…400g
納豆…200g
サバの水煮（缶詰）…1缶（150g）
長ねぎ…15㎝（15g）
醤油…適量

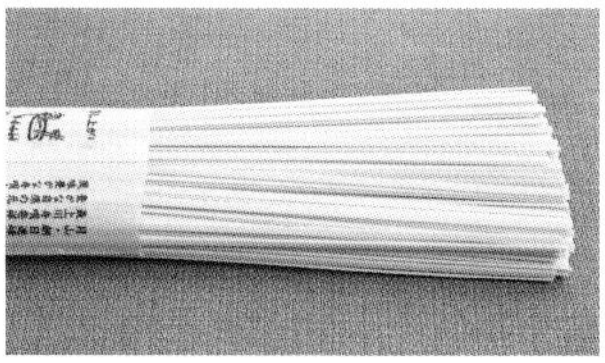

乾麺を使うことが多いが、生麺でもよい

<つくり方>

1 サバの水煮（缶詰）はほぐしておく。ねぎは薄い小口切りにする。
2 大きな鍋に湯を煮立たせ、乾麺を入れてゆでる。ゆでた麺は鍋ごと食卓に運ぶ。
3 うどんだれをつくる。器に納豆を入れよくかき混ぜる。1のサバとねぎを加え、ご飯にかけるときより多めに醤油を入れる。
4 3の器に熱々のうどんを鍋からひっぱり入れ、たれをからめて食べる（写真①）。

◎サバ缶は身だけを使う。汁が入ると納豆の糸が消えて、麺にからみにくくなる。

撮影／長野陽一

〈山形県〉

ひっぱりうどん

ゆでたてのうどんを鍋から箸でひっぱりながら食べることから、この名がついたといわれています。たれは納豆とねぎ、かつお節、醤油を混ぜるだけ。乾麺をゆでて鍋ごと食卓にのせれば、あとはそれぞれが納豆だれにからめながら食べます。手間がかからず簡単で、村山地方などの内陸部では冬の昼食の定番料理とされてきました。

紹介したレシピはさばの水煮缶を加えています。昔は来客用でしたが、山形盆地の西にある大江町では、昭和30年代後半、近くに缶詰工場が操業し、その頃からさば缶の使用が増えたそうです。豪雪地帯では、越冬用に乾麺やさば缶などの缶詰類が常備されています。昔から田んぼの畦《あぜ》には大豆を栽培し、寒くなると各家で納豆をつくるので、ひっぱりうどんはいつでもつくることができました。

納豆は小粒より中粒や大粒の方がかき混ぜるとよく糸を引き、うどんにからみます。うどんを食べきり、たれが残ったときは、お湯を入れてたれも飲みほしたそうです。

協力＝村上弘子、柏倉ミツ、新宮みち
著作委員＝宮地洋子

〈福島県〉

まんがこ

うどんの幅より太く短い麺を野菜と一緒に煮こんだものです。かつて田んぼの代かきをする際、牛馬にひかせていた「馬鍬《まぐわ》」に麺の形が似ていることからこの名前がついたといわれています。まんがこが食べられている阿武隈《あぶくま》山系は、かつては冷害に見舞われることが多く、米の収量が少ない地域でした。小麦や雑穀は大事な食糧で、小麦は葉たばこの霜よけになるようつくり、できた粉はまんがこやまんじゅうなどに使っていました。

まんがこは、うどんを打つより短時間でできる農家の知恵が詰まった料理です。農繁期になると、お母さんは昼休みの時間に粉を練り、夕ご飯の前に囲炉裏に大きな鍋をかけて、ねかせておいた生地と野菜を使ってまんがこをつくりました。季節の野菜を入れて一年中食べていましたが、野菜のうま味が凝縮した冬のまんがこはとくにおいしく、寒い夜に食べると体が芯から温まったといいます。夕食は鍋いっぱいにつくったまんがこと漬物があれば十分でした。

協力＝石井友子
著作委員＝柳沼和子

＜材料＞ 10人分

【まんがこ】

小麦粉（中力粉か強力粉）…300g
6%食塩水…150〜170mℓ
打ち粉（小麦粉）…適量

【汁】

じゃがいも…中5個（1kg）
にんじん…中1本（250g）
ごぼう…中1/2本（100g）
大根…中1/2本（400g）
好みのきのこ…適量
長ねぎ…2本（200g）
こんにゃく…1/2枚（100g）
豚バラ肉…100g
豆腐…1丁（300g）
味噌…200g
醤油…50mℓ
油…大さじ2
水…2.5ℓ
好みで七味唐辛子…適量

＜つくり方＞

【まんがこ】

1 小麦粉をボウルに入れて、食塩水を少しずつ加える。粉に水分を含ませるようによく混ぜ、にぎったときに粉がまとまるようになればよい。
2 生地をひとまとめにして大きめの厚手のポリ袋に入れ、27〜28℃ほどの暖かい場所で1時間程度ねかせる。寒い季節は2時間程度ねかせるとよい。
3 **2**のポリ袋の上にすべらないようにバスタオルをかけ、上から足で踏む。こうすることで生地に弾力が出る。平たく踏んだら、折りたたみ、再度踏んで広げる。これを3〜4回繰り返す。
4 袋から生地をとり出し、打ち粉を敷いた台にのせる。生地を麺棒に巻きつけ（写真①）、両手に力を入れて前後に転がしながらのばし、ときどき広げて打ち粉を全体にかける。麺棒に巻きつけてのばし、広げるを繰り返しながら5mm程度の厚さにする。
5 生地を広げ、10cm幅の蛇腹状に重ねてたたみ、端から7mm〜1cm幅に切る（写真②）。
6 **5**を打ち粉をつけながら広げるとうどん状の麺ができる。これをまとめておき、端から麺の長さが3〜5cmになるように切る（写真③）。
7 沸騰した湯で15分ほど、芯がなくなるまでゆでる。
8 ザルに上げてから冷水に入れ、両手で軽く合わせて流水で洗って余分なぬめりをとる。ザルにあげ水けをきる。

【汁】

1 じゃがいもは皮をむき、適当な大きさに切る。にんじん、ごぼう、大根は皮をむき、いちょう切りにする。きのこは食べやすい大きさに切る。ねぎは小口切りか斜め切りにする。こんにゃくはスプーンでこそげとるように切り、豚肉は適当に切る。
2 鍋に油をひいて熱する。味しみをよくするため、こんにゃくを最初に炒める。こんにゃくの水けが飛んだらねぎ以外の野菜を入れてさらに炒める。
3 大根が透き通ってきたら水ときのこ、半量の味噌を入れ、蓋をして野菜がやわらかくなるまで強火で煮る。
4 豚肉を加えて火が通ったら、豆腐を手でくずしながら加える。残りの味噌、醤油を入れる。
5 水けをきったまんがこを加え、好みのやわらかさになったらねぎを加える。ひと煮立ちしたら火を止める。器に盛り、好みで七味唐辛子をかける。

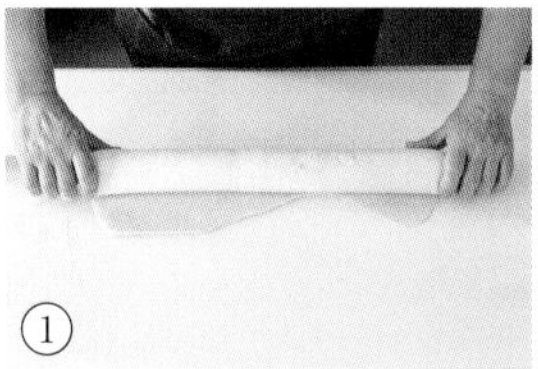

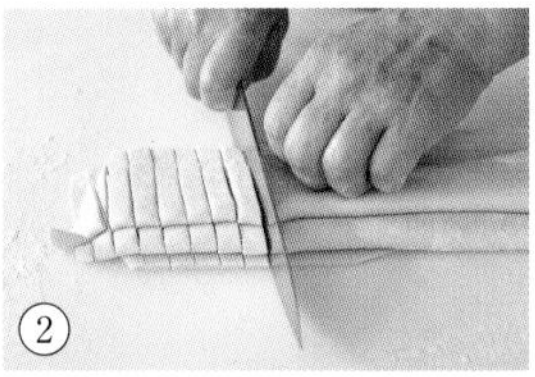

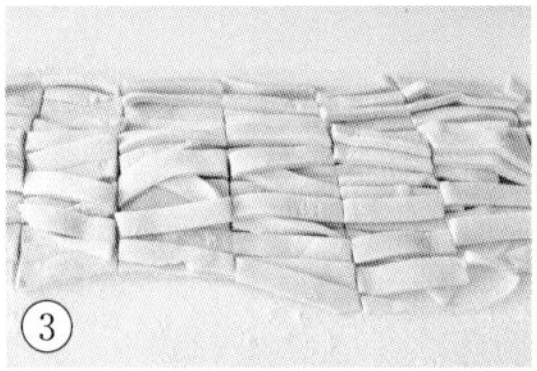

◎昔は麺を切ったらゆでずにそのまま汁に入れて煮こんでいた。このため、汁にはとろみがついていた。

撮影／長野陽一

〈栃木県〉 耳うどん

耳うどんの珍しいかわいらしい形は耳に似せたもので、正月に食べると、一年中悪いことが聞こえずに済むといわれています。また、耳は鬼の耳を意味しており、食べてしまえば家の話を聞かれないから一年中悪いことが起こらないともいわれます。形が雛人形に似ているので「姫うどん」と呼ぶこともあります。正月にはゆでた耳うどんを冷水につけておき、来客時には汁で温めて手早くふるまったそうです。ゆでずに半干しにすれば1週間ほど保存できます。

旧葛生《くずう》町（現佐野市）の仙波《せんば》地区でのみ食べられていた正月料理ですが、佐野市に合併後、郷土料理としてさかんにつくられるようになりました。仙波地区はかつてはもちなし正月（もちを食べない）であったといわれ、来客には耳うどんがふるまわれました。当時はもち米が高価だったためにできた料理ではないかとも推測されます。最近ではパスタのようにトマトソースで食べる耳うどんを看板メニューにする店も現れました。

協力＝福田フミエ
著作委員＝藤田睦、名倉秀子

＜材料＞ 4人分

【耳うどん】
- 小麦粉（地粉）…500g
- ぬるま湯…200〜220mℓ
- 塩…大さじ1/2
- 打ち粉（地粉）…適量

【汁】
- 水…1ℓ
- 椎茸…5枚（100g）
- にんじん…1/2本（100g）
- 鶏肉…100g
- 青菜…150g
- かまぼこ…50g
- 長ねぎ…1/4本（30g）
- 醤油…大さじ5
- みりん…大さじ3
- 塩…小さじ1

＜つくり方＞

【耳うどん】

1. ぬるま湯に塩を加えよく溶かす。
2. 小麦粉は大きめのボウルにふるい入れる。1の湯を少しずつ加え、粉がパラパラになるように手を開いてかき混ぜる。全体がまとまってきたらよくこねてひとつにまとめ、約1時間ねかせる。乾燥しないよう布巾やぬれ布巾をかぶせたり、ポリ袋に入れたりするとよい。
3. 麺板に2の生地をのせ、麺棒を使い薄くのばす。打ち粉はべたつかない程度に使う。
4. 厚さ2〜3mmに薄くのばしたら6×4cmの大きさに切る。
5. 4の生地を横半分に折り（写真①）、手前側を両端から丸め（写真②）、着物の衿袷《えりあわせ》のように合わせる（写真③）。裾の部分をギュッと押さえて（写真④）、形を整える（写真⑤）。

【汁】

1. 椎茸、にんじんはせん切り、ねぎは3〜4cmに、鶏肉は小さめに切る。
2. 青菜はゆでて3〜4cmくらいに、かまぼこは薄切りにする。
3. 水を沸騰させ鶏肉、椎茸、にんじん、ねぎを煮る。やわらかくなったら調味料を加えて味を調える。
4. 別鍋で耳うどんをたっぷりの湯で10分程度ゆで、水にさらしザルにあげる。3の汁に入れ、さっと煮る。
5. 大きめの器に盛り、青菜とかまぼこを飾る。

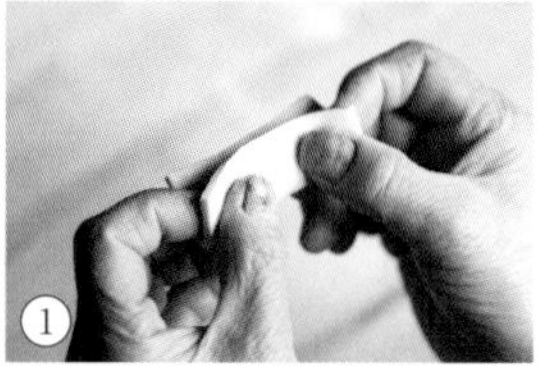

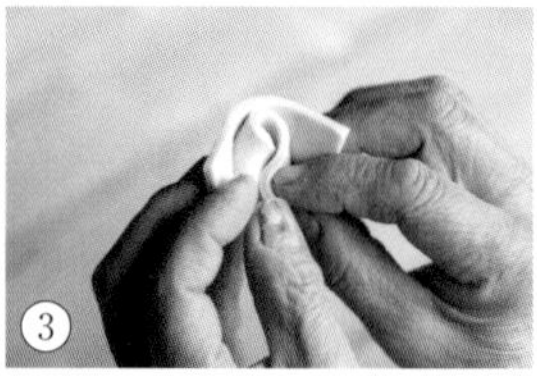

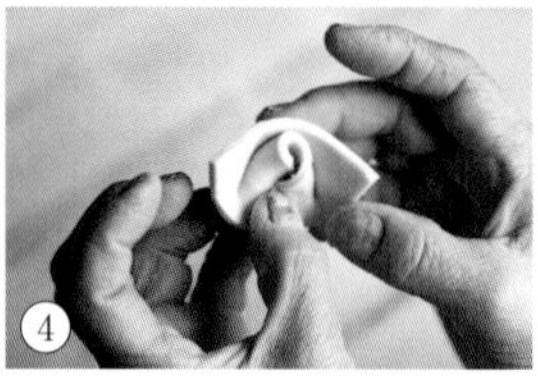

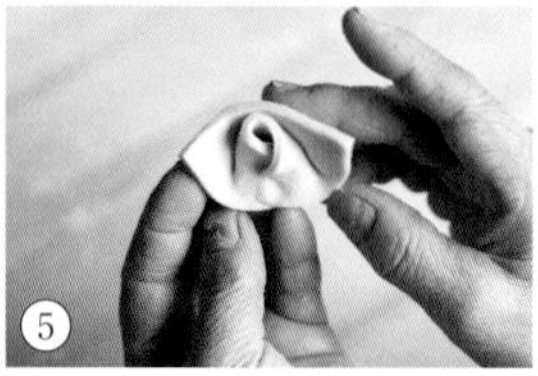

撮影／五十嵐公

〈栃木県〉

煮ごみ

栃木県は小麦の産地で、冠婚葬祭にも日常にも、よく手打ちうどんがつくられました。さらに手早くできる日常の食事として、うどんや幅広のひもかわを煮こんだ煮ごみが、とくに冬場は毎日のようにつくられます。主食のうどん、おかずの野菜と汁が一品になっていて、肉や海の魚などがなくてもおいしく、すべて自給できるものです。麺をゆでる手間を省き、汁の中に生の麺を直接入れて煮こみます。時短にもなりますが、とろみがついた汁の食感もよいものです。群馬県と接する県南西部の足利市や佐野市でよく食べられました。

足利市は足利銘仙として織物やメリヤス業もさかんでした。女性たちは農業や織物工場でとても忙しく働き、家では短時間でできておかずのいらない煮ごみをよくつくったようです。「うどんがぶてねば嫁にも行けず」という言葉もあったそうです。たくさんつくって味がよくしみた煮ごみを、翌日に白いご飯にのせて食べるのを好む人もいました。

協力＝髙木道代
著作委員＝藤田睦、名倉秀子

撮影／五十嵐公

<材料> 4人分

手打ちうどん*…500g
にんじん…1/2本
椎茸…5個
長ねぎ…1本
だし汁（煮干し）…5カップ
醤油…大さじ5
みりん…大さじ3

*手打ちうどんはそのまま煮こむので、塩を加えないで打つ方がよい。乾麺なら200gを直接だし汁で指定のゆで時間通りに煮る。乾麺に塩けがあるので醤油の量を加減する。

<つくり方>

1 にんじんは短冊切り、椎茸は薄切り、ねぎは斜め切りにする。
2 だし汁で1を煮て、醤油、みりんで調味する。
3 2の中に手打ちうどんをゆでずにパラパラとくっつかないように加え、菜箸でさっとかき混ぜる。うどんに味がしみこむまで10分ほど煮こむ。

◎時期により白菜、大根、ゆずの皮などを入れてもおいしい。

撮影／五十嵐公

＜材料＞ 4人分

ゆでうどん*…250g×4玉
きゅうり（太いもの）…2本（約300〜400g）
玉ねぎ…30g
青じそ…5枚
塩（きゅうり、玉ねぎの塩もみ用）…各ひとつまみ
金ごま（洗いごま）…30g
味噌…大さじ1と2/3（24g）
砂糖…小さじ1と2/3（5g）
だし汁（煮干しまたはかつお節）…2カップ

*あれば地粉製のものがおいしい。

＜つくり方＞

1. きゅうりは薄切りにして塩でもむ。
2. 玉ねぎは薄切りにして塩でもみ、水にさらす。
3. 青じそはせん切りにする。
4. 洗いごまをフライパンで炒ってからすり鉢でよくする。味噌、砂糖を加え、さらにする。
5. 冷ましただし汁を加えて味噌を溶かす。
6. きゅうり、玉ねぎの水けをしぼり、**5**の汁に加える。最後に青じその葉を散らして混ぜる。
7. うどんをゆでて、水にさらしザルにあげる。器に盛り、冷や汁につけていただく。氷で冷やしてもよい。

〈栃木県〉

冷《ひ》や汁《しる》うどん

　県南西部の佐野市周辺は、夜は毎日のようにうどんを打って食べていた土地柄です。冷や汁（ひやじるとはいいません）はご飯にかけるのではなく、うどんのつけ汁として食べます。きゅうりの食感と香りのよい地粉のうどんののどごしもよく、夏には食べたくなる料理です。

　ごまの香りと味噌の味がよく合います。ごまは自家用に育てたものをよく炒ってからすって、たっぷり使っていました。汁に入れるきゅうりは大きく育ったものをきゅうり突き（スライサー）で手早く薄切りにします。きゅうりはどこの家庭でも入れますが、ほかの材料はそれぞれで、青じそ、みょうが、玉ねぎなどさまざまな夏の食材を入れます。子どものいる家庭では、ハムなども加えます。ごま味噌に砂糖を加えることもあれば、味噌のみの味を好む人もいます。

　冷蔵庫が普及していなかった昭和30年代前半には、夏に冷たいうどんをつくるには、ゆでたあとに井戸水でしめました。スイカやトマトを冷やしておくのも井戸でした。

著作委員＝藤田睦、名倉秀子

〈栃木県〉

ちたけうどん

日光では、夏のナラやクヌギなどのブナ科の広葉樹が茂る雑木林で、黄褐色の「ちたけ」を見つけることができました。笠の部分を引っ張ると白い汁が出てくるので「ち(乳)たけ」とも呼ばれるきのこです。とくに、7月下旬から8月上旬の朝、涼しいうちにとったものです。足が早いので、すぐに食べました。塩水につけて笠のひだに入った小さな虫を出し、洗ってうどんの具や汁の実にします。

ちたけは、食感はぼそぼそしていますが、香りや味が独特で、県北の夏の味です。なすと油で炒めると、風味が一段とひきたちます。また、日光の水がおいしいので、水道水と調味料だけで汁をつくることもありました。うどんで食べることが多いのは、ちたけは夏のものでソバの収穫は秋以降だからです。

2011年の東日本大震災に伴う原発事故以降、放射能汚染できのこの露地物は食べられなくなりました。よそでとれたちたけは購入することもできますが、鮮度では地元産に及びません。

協力＝藤生恵子、湯澤敏子、中山陽加
著作委員＝名倉秀子、藤田睦

撮影／五十嵐公

＜材料＞4人分

ちたけ(生)…100g
なす…2本(150g)
油…大さじ3
だし汁(昆布とかつお節)…6カップ
醤油…140mℓ
砂糖…小さじ2
みりん…大さじ2
ゆでうどん…800g

＜つくり方＞

1. ちたけは土を除き、1〜2%の食塩水(分量外)に10分程度つけて、その後水をきる。大きいものはひと口大(3×3cm)に切る。
2. なすは、縦半分に切り、1cmの幅の半月切りにする。
3. 鍋に油を入れ、加熱後にちたけとなすを入れ、十分に油が行きわたるまで炒める。
4. だし汁を加え、ひと煮立ちさせてから、調味料を加える。
5. うどんを器に入れ、4の汁をかけてできあがり。

ずりだしうどん

〈東京都〉

　いわゆる釜揚げうどんで、うどんに火が通り食べ頃になったら鍋から直接お椀にとり出し、ねぎやかつお節、ゆずなどの薬味を入れ、醤油をかけて食べます。山間部の奥多摩町では稲作ができず、麦やそば、あわ、きびなどの雑穀が多くつくられていました。小麦は製粉所で粉にしてもらいます。寒い冬には、炭焼きなどの山仕事から帰ってくる男衆を待って、囲炉裏にかかった鍋に直接、切っておいたうどんを入れて家族で囲みました。

　手づくりのうどんは機械打ちと違って独特の歯ごたえ、風味を味わえます。うどん生地を何回も折り返して踏み、のめっこい（なめらかな、スベスベした）うどんをつくりました。粘りが出るまでに踏む時間や回数は、踏む人の体重や力によって違うので、袋の中の生地をさわってできあがりを確認します。経験を積まないとちょうどよいと判断するのは難しく、初心者は経験者から学び、お母さんから子ども、お姑さんからお嫁さんへと継承されています。

協力＝大串久美子
著作委員＝大久保洋子　香西みどり

撮影／長野陽一

＜材料＞ 5人分

地粉（中力粉）…500g
塩…5g
水…250mℓ前後
長ねぎ、かつお節、ゆずの皮…適量
醤油…適量

＜つくり方＞

1 こね鉢の中に粉と塩を合わせ、水を加減しながら加えてよくこねる。水の量は粉がぎりぎりまとまるくらい。やわらかいと切れやすく、かたすぎると踏みづらい。
2 生地がまとまったら厚手のポリ袋などに入れてよく踏む。ポリ製の米袋が丈夫で使いやすい。
3 くっつかないように、のし板に粉をふって麺棒でのばす。縦横と方向を変えながら均等にのばす。
4 生地を屏風だたみにしてまな板にのるサイズに切り、重ねて端から切る。包丁に生地がくっつきやすいので、粉をまぶしながら、リズミカルに切るとよい。
5 鍋にたっぷりの湯を沸かし、ぐらぐらと煮え立った中に切ったうどんをパラパラと投入する。
6 沸騰してうどんが浮いてきてやわらかく食べ頃になったら、直接お椀にとり出し、刻みねぎ、かつお節、刻みゆずなど好みの薬味を入れ、ゆで汁を入れ、醤油をかけて食べる。

◎うどんは、畳より板張りの床が踏みやすい。
◎ゆで加減は、うどんが浮いてきたら1本食べてみて、好みのかたさにゆでる。

〈群馬県〉
手打ちうどん

県南部の東毛地域や西毛・中毛の平坦地は冬期の日照時間が長く乾燥しているため、米と麦の二毛作が行なわれます。かつては1日1食はうどん、おきりこみ(おっきりこみ)、すいとんなどの小麦粉を使った料理で、うどんが打てないと嫁に行けないともいわれました。

根菜類を入れた汁に生の麺を入れて煮たおきりこみが、秋から冬にかけての日常の食であるのに対し、ゆでた麺を汁で煮たりめんつゆをつけて食べるうどんはハレの食でもあります。とくに春や夏は季節の野菜を天ぷらにしたり、ゆで野菜やきんぴらを「こ(お供)」に、ねぎやみょうがを薬味にしました。

つくり方には麺板と麺棒でのばして包丁で切る手打ちと、うどん機械(家庭用の製麺機)を使う方法があり、西毛・中毛地域ではうどん機械が普及しました。包丁で切るのは熟練した技術が必要ですが、うどん機械ならば、生地をこねてあれば誰にでもできます。養蚕業で忙しいときには子どもにつくらせることもあったそうです。

協力=高岸裕代、一ノ瀬忠雄、田中妙子
著作委員=綾部園子

<材料> 4人分

地粉(中力粉)…300g
- 水…140mℓ
- 塩…小さじ2(10g)

めんつゆ
- みりん…50mℓ
- 醤油…50mℓ
- だし汁(かつお節)*…200mℓ

長ねぎ、ゆずの皮、のり…適量

*水に対して2%のかつお節でだしをとり、そのだしに1%のかつお節を加えて(追いがつお)再度だしをとる。

<つくり方>

1 めんつゆをつくる。みりんを煮きり、だし汁と醤油を加えてひと煮立ちさせる。
2 こね鉢に粉を入れ、塩を溶かした水を少しずつ加えながら手で混ぜ合わせる(写真①)。粉と水がなじんだら、生地をひとつにまとめながらよくこねる(写真②)。水の量はできるだけ少なく、生地がまとまるぎりぎりがよい。
3 耳たぶぐらいのかたさにこね上げ(写真③)、ラップをかけて30分ほどねかせる。
4 めんば板(のし板)の上で、さらによくこねる。
5 生地を平たいだんご状にして、厚手のポリ袋に入れて踏む(写真④)。途中3〜4回、生地を袋からとり出してたたみ直す。
6 5をめんば板の上に出し、打ち粉(分量外)をして麺棒に巻ける大きさまで丸くのばしたら、麺棒で巻いて転がしながら3mm厚さにのばす。
7 生地を屏風だたみにして、3mm幅に切る。煮立った湯で8〜10分、少しコシが残る程度にややかためにゆで上げ、ザルにあげて水でよく洗う。薬味を添え、めんつゆにつけて食べる。

【うどん機械を使う場合】
1 生地をねかせるまでは同じ。ねかせた生地を2つに分け、帯状にしてうどん機械(製麺機)のローラーにかけてのばす(写真⑤)。
2 その生地を半分にたたんでローラーでのばす。3回ほど繰り返す。
3 ローラーの間隔を狭くして、生地をたたまずに入れてのばし、間隔をさらに狭くしてのばす。3回ほど繰り返し、約2mm厚さにする(写真⑥)。
4 裁断用の歯の方で、約5mm幅に切る(写真⑦、⑧)。
5 煮立った湯でややかためにゆで上げ、ザルにあげて水でよく洗う。

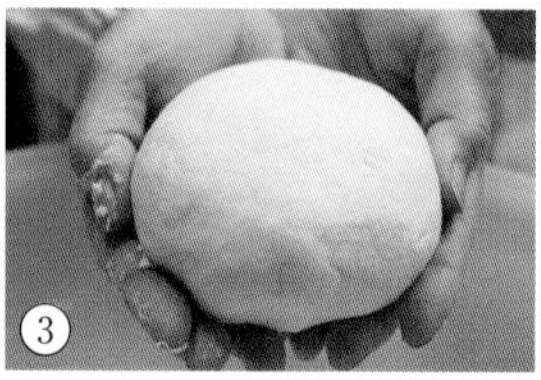

撮影／高木あつ子

〈群馬県〉

おっきりこみ

上州（群馬県）の養蚕《ようさん》農家では、夕食はおおよそ「おっきりこみ」と決まっていました。県内でも西部と北部は麦づくりと養蚕がさかんな土地柄で、当時、蚕《かいこ》の世話をしながら男衆と共に野良に出て働く養蚕農家の女衆が、手早く大量につくれる料理として始めたのが発祥と伝えられています。

囲炉裏に下がった大鍋に、ひきたての地粉で打った生地を、投げ入れるように切っては入れ、切っては入れるのでこの名がついたとされています。翌朝に残りを温め直して食べることを風呂を沸かし直すのになぞらえて「おっきりこみの立てっけえし」と呼ぶほど日常的に食べられていました。

おっきりこみは、おかわりが当たり前だったので、翌朝分も含めてとにかくたくさんつくりました。自宅でひいた粉が足りないときには近所から借りてきてでもつくります。借りた粉は倍返しする習慣でしたが、それでも十分量をつくって不足しないようにしました。

協力＝高橋豊久、原田勇、片山重子、片山キクエ　著作委員＝高橋雅子

＜材料＞6人分

- 地粉（中力粉）300g
- 水…140mℓ
- 大根…5〜6cm（200g）
- にんじん…2/3本（100g）
- 椎茸…4枚（50g）
- 里芋…4〜5個（200g）
- ごぼう…2/3本（100g）
- 油揚げ…1枚（20g）
- 長ねぎ…1本（100g）
- さやいんげん…80g
- だし汁（煮干し）…10カップ
- 醤油…110mℓ
- ゆずの皮…適量

＜つくり方＞

1. ボウルに粉を入れ、水を少しずつ加えそぼろ状に混ぜ合わせながら生地をつくる。うどんの生地よりややややわらかめにこね上げる。
2. 丸めてポリ袋に入れ、15分ほどねかせる。
3. 生地を一度こね直して台の上におき、打ち粉（分量外）をして麺棒で縦横に押しながら丸くのばす。麺棒に巻きつけて横一文字に切り開いた後、幅広に切る。
4. 大根とにんじんはいちょう切りか半月切り、あるいは4cm長さの短冊切りにする。椎茸は薄切りにする。
5. 里芋は皮をむいてひと口大、ごぼうは薄い斜め切り、油揚げは短冊切り、長ねぎは斜め切りにする。
6. 大きめの鍋にだし汁を入れ、ねぎ以外の材料を加えて加熱する。具が煮えたら生麺をほぐしながら入れる。
7. 麺がふっくらとやわらかく煮えたら、醤油で調味し、最後にねぎを加えて火を止める。器に盛り、好みでゆずの皮のせん切りを散らす。

◎汁の調味は醤油のみ、味噌のみ、醤油と味噌を半々など家庭によって異なる。

養蚕農家の暮らし

昭和30年頃の農家にとって、養蚕は絹糸の相場に左右されながらも一家の大きな経済的支柱でした。蚕《かいこ》はお蚕様とも呼ばれ、母屋の大部分を占有して育てられ、家族の生活より蚕の飼育が優先されました。

県西部では、養蚕回数は1年に3〜4回（春蚕、夏蚕、初秋蚕、晩秋蚕）が一般的です。養蚕が始まると朝、一家総出で1日分の桑とり（桑の葉の収穫、保存）をします。桑の葉とりは桑摘みの爪を両手につけ、1枚ずつ丁寧に摘みとる作業であり、たいへんに時間のかかる仕事でした。桑くれ（餌やり）は、朝、昼、夕の1日3回が基本。稚蚕《ちさん》の頃は葉を刻んで与え、その後、摘みとったままの葉の形態から、やがて1mほどの枝についたままを与えるなど、蚕の成長ぶりを観察しながら行ないます。

桑くれの前には、ふんや食べ残しの桑を捨てる裏とりを行ない、蚕を違うかごに移動させて、新しいところで桑を食べさせます。この作業は、蚕が小さいうちは、ふんが少ないのでとる回数は少なく、大きくなり桑をたくさん食べるようになると回数は増えていきます。繭をつくる直前には、1日に数回とり替えることもありました。裏とりは、蚕の生育環境を整えるために大切な作業でした。

こうして蚕は20〜25日間桑を食べ続けて熟蚕《じゅくさん》となり、繭をつくる時期を迎えます。熟蚕を回転まぶしに移して小さな穴に一つずつ繭をつくらせ、繭ができたら回転まぶしからはずして業者に出荷しました。

養蚕農家では、とりわけ夕方の忙しさは格別でした。畑仕事から帰ると夕食前に保存小屋から桑を運び、桑くれをします。蚕が成長すると夕食後にも桑くれを行なうこともあり、家族の夕食をつくるにも、食べるにも時間をかけられず、おっきりこみがよくつくられました。養蚕期間は二毛作の畑仕事（米、小麦、ソバ、こんにゃく、野菜など）と重なり驚異的に忙しかったのです。

撮影／高木あつ子

〈埼玉県〉

冷《ひ》や汁《じる》うどん

地元でとれた小麦粉（地粉）を使ったうどんは、日常食としてもハレの日の食事としても供され、全県で広く食べられています。うどんを打つということは、炊事の中でとくに必須の技能とされて、昔は「うどんを打てないとお嫁に行けない」とまでいわれたそうです。

夏はとれたてのきゅうりや青じそ、ごまを使った冷や汁で、打ちたて、ゆでたてのうどんをいただくのが旬のうどんの食べ方です。夏の暑い日でも涼しくおいしく食べられます。

冷や汁は、ごまのおいしさを最大限に引き出します。冷や汁をつくるためにごまを栽培しているというほど、ごまの味を大切にしています。きゅうりは大ぶりのほうがみずみずしくておいしいので、大ぶりのものを選んで多めに冷や汁に加えるといいでしょう。きゅうりの塩もみをたくさん使うことで、夏のほてった体を冷やします。小麦やごまも生産されており、青じそやみょうがなど、地元でとれるものだけでできる料理です。

協力＝萩原さとみ
著作委員＝河村美穂

うどん

＜材料＞ 4〜5人分

小麦粉（地粉）…500g
塩…小さじ1
水…200mℓ
打ち粉（かたくり粉）…適量

＜つくり方＞

1 地粉と塩をよく混ぜ、そこに水を少しずつ加えながら混ぜる（写真①）。
2 最初は手についていた小麦粉が混ぜてこねるうちに、つかなくなるようにまとめる（写真②）。
3 よくこねてまとまったら丈夫で清潔な大ぶりのポリ袋に入れて30分〜1時間ねかせる。
4 ポリ袋に入れたまま、新聞紙の上において、タオルをかけて足で50〜100回程度踏む（写真③）。
5 コシが出てまとまった生地を打ち粉をしたのし板の上に広げる（写真④）。
6 5を麺棒でのばして広げ（写真⑤）、のばしては麺棒に巻きつけるようにしてさらにのばす（写真⑥、⑦）。
7 6を屏風だたみにして、うどん用の包丁で押し切りにする（写真⑧）。包丁の引き具合で麺の太さを決める。
8 切ったうどんをほぐして（写真⑨）、たっぷりの沸騰した湯に一度に入れる。かき混ぜないで待ち（写真⑩）、麺があがってきたらかき混ぜる。うどんが透き通るまで7〜8分ほどゆでる（写真⑪）。
9 ゆであがったら水によくさらし（写真⑫）、水をきって一椀ずつの小さな塊をつくるように大皿に盛る。

冷や汁

＜材料＞ 4〜5人分

きゅうり…2本、塩…小さじ1/2
白ごま…大さじ3
砂糖…大さじ2
味噌…大さじ4
だし汁（または水）…250mℓ
薬味（青じそ、みょうが）…適量

＜つくり方＞

1 きゅうりをスライスして塩もみする。皮はそのままでも、また塩もみしないで生のままでもよい。
2 ごまをよく炒って、すり鉢で半ずりにする。砂糖を加えてすり、さらに味噌を加えてする。
3 2にだし汁を加えながらする。
4 1のきゅうりと細かく刻んだ薬味を好みの量加え、ゆであがったうどんのつけ汁として食べる。

①

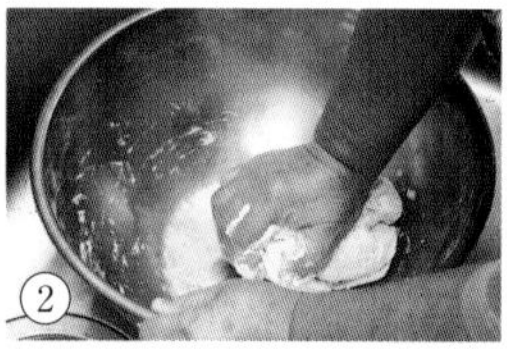
②

③

④

⑤

⑥

⑦

⑧

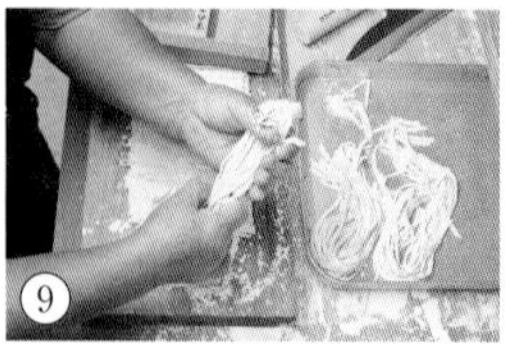
⑨

⑩

⑪

⑫

撮影／長野陽一

〈埼玉県〉

ひもかわ

日高市を含めた入間《いるま》台地は、耕地が火山灰土のため、水田がつくれず、小麦、大麦などの栽培がさかんな麦食文化の地域です。大麦は米に混ぜて節米に努め、小麦は粉にひいて麺をつくる習慣がありました。

うどんよりも生地を幅広く切るひもかわは、この地域では日常の食卓によく出される麺料理です。麺の幅や厚みにより、うどん、ひもかわと名称が変わります。うどんもつくられていましたが、麺の幅が広くつくりやすいひもかわのほうがよくつくられたようで、それぞれの家庭の味があります。

昼食や夕食の主食にすることが多く、現在でもご飯が足りないときなど、手軽に麺も粉からつくって食べています。とくに冬の寒い日、熱々を食べるのがおいしく、体を温めるために野菜をたくさん入れてつくりました。家庭にある食材で簡単につくれるためよく食卓に上り、地元のかたは熱いうちにフーフー息を吹きかけながら食べたことが思い出されるようです。

協力＝日高市食生活改善推進員協議会
著作委員＝木村靖子

＜材料＞ 4人分

- 小麦粉（中力粉または地粉）…200g
- 水…110mℓ
- 打ち粉（小麦粉）…適量
- 豚肉…50g
- にんじん…60g
- 青菜…1/3束
- 椎茸…2枚
- 油揚げ…30g（1枚）
- 大根…120g
- 白菜…2/3枚
- 長ねぎ…2/3本
- じゃがいも（小）…1個
- だし汁…4カップ
- 味噌…大さじ2
- 醤油…大さじ2

＜つくり方＞

1 小麦粉に少しずつ水を入れ、手ですり合わせながら粉と水をよく混ぜ（写真①）、生地がまとまったら両手で力を入れてよくこねる（写真②）。こねあがったら生地に布巾をかけ、30分くらいねかせる。

2 麺板に打ち粉をふり、麺棒で生地を平らに薄くのばす（厚さ2〜3mm）（写真③）。

3 生地を麺棒に巻きつけてのばし（写真④〜⑥）、麺棒に沿って包丁で切れ目を入れて生地を切り開く（写真⑦）。

4 生地は切り開いて重なったまま1.5cm幅に切り（写真⑧）、生地同士がくっつかないように粉をまぶす（写真⑨）。

5 鍋にたっぷりの湯をわかし、麺をゆでる（写真⑩）。ゆであがったらザルにあげ、流水で洗って（写真⑪）、5分くらい水にさらす。

6 豚肉や野菜の具は食べやすい大きさに切り、だし汁で煮る。具に火が通ったら、ゆでたひもかわを入れ（写真⑫）、味噌、醤油を加える。

◎今回は麺を先にゆでているが、ひもかわをゆでずに、汁に直接入れて煮込んでもよい。汁がにごるが、とろみがついて冷めにくく、口当たりがよいという人もいる。

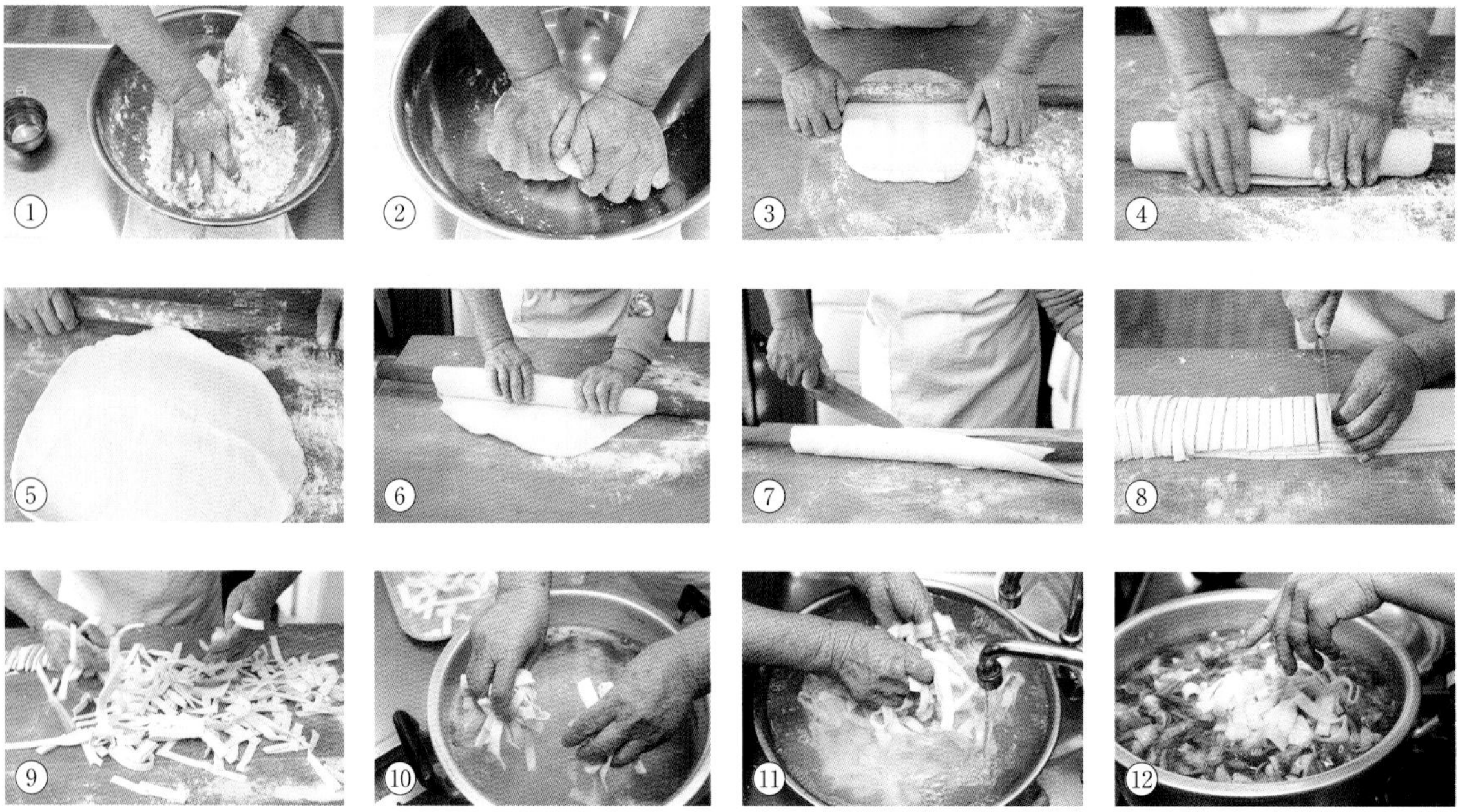

撮影／長野陽一

〈神奈川県〉

にごみ

　県北西部にある津久井地域では、煮こみうどんのことを古くから「にごみ」と呼びます。この地域は水田が少なく、米よりも小麦や大麦が多くつくられ、ご飯の足りない分にうどんやすいとんなどが食べられました。とくに夕飯にはうどんの日が多くありました。

　生のうどんを直に煮こむので、塩辛くならないように塩を少量にしてうどんを打ちます。そのため、うどんはやわらかめです。畑でとれた野菜と一緒に煮こむと、野菜や小麦の旨みがよく出てやさしく懐かしい味に仕上がり、体は温まり、秋から冬にかけては毎日のようにつくられました。鍋一つでできるので、燃料も手間もかからず効率のよい料理でもあります。

　調査では、藤野地区は味噌味、城山地区は醤油が多く、相模湖・津久井地区は醤油と味噌が半々でした。その汁を、時間がたつとうどんがすべて吸ってくれて、翌朝それを温めて味噌汁代わりに食べるのも楽しみだったそうです。

協力＝大神田貞子、大神田澄子
著作委員＝櫻井美代子

撮影／五十嵐公

＜材料＞4人分

- 小麦粉（中力粉）…300g
- 水…120mℓ
- 塩…小さじ1/5

大根…100gほど
にんじん…1/4本
小松菜…1/6束（2～3本）
長ねぎ…1/4本
油揚げ…1/2枚
だし汁（煮干しとかつお節）…1ℓ
味噌…80～100g（または醤油50mℓ程度）

＜つくり方＞

1 うどんを打つ。分量の水に塩を溶かし、小麦粉に少しずつ加えてまんべんなくなじませる。まとめながら手のひらのつけ根で押し当てるようによくこねる。ポリ袋を二重にして足で踏んでもよい。
2 のし板に打ち粉（分量外）をたっぷりふり、1の生地を丸くのばす。これをのし棒に巻きつけ、ころがして生地を広げる（写真①）。
3 のした生地に打ち粉をふり、屏風だたみにして3～4.5mm幅に切る。切ったうどんはまとまらないようにほぐしておく。
4 大根とにんじんは太めのせん切り、小松菜は3cm長さに切る。油揚げは短冊、ねぎは小口に切る。
5 鍋にだし汁を張り、大根とにんじんを入れて煮る。やわらかくなったら3のうどんをほぐしながら加え、うどんに少し火が通ったら油揚げ、小松菜を加えてさらに煮こむ。
6 うどんがやわらかくなったら、味噌か醤油で味を調える。器に盛り、ねぎをのせる。

〈長野県〉
おしぼりうどん

辛味大根のしぼり汁と味噌のつゆで食べるうどんは、長野の寒い冬に体を温めてくれます。辛みの強い地大根は県内各地で栽培されており、埴科郡《はにしなぐん》坂城町《さかきまち》周辺では、特産のねずみ大根を使います。ねずみ大根は標高400～500mの高地で育ち、小石混じりの条件のよくない畑でこそおいしくできるといわれています。身がしまって水分は少なめ。大きくしすぎると辛みが薄れるので、11月中下旬～12月中旬の小さいうちに収穫します。

ザルうどんで食べることもありますが、専用の鍋でゆでた釜揚げのうどんを、大根汁に味噌を溶いて食べるのが定番です。だしや醤油がなくてもおいしく、辛いつけ汁と熱々のうどんで汗が出るほど体の芯から温まります。強い辛みのあとに大根の香りと甘味が広がり、これを地元では「甘もっくら」と表現します。おじいちゃんにおしぼりをこさえてくれと頼まれ、真冬にしなびて汁けの少ない大根をおろしてしぼるのは寒くて大変だった、という話も聞きます。

協力＝小松たつ子　著作委員＝中澤弥子

<材料> 1人分

生うどん（地粉の手打ちうどん）…150g
辛味大根…2/3本（約100g）
味噌…大さじ1
薬味（刻みねぎ、削り節）…適量

<つくり方>

1 鍋にたっぷりの湯を沸かし、麺をほぐしながら入れ、菜箸でゆっくり鍋底をはがすように1～2回動かす。麺が泳ぐ程度の火加減で10～12分ゆでる。
2 ゆで上がったら手早くザルにとる。冷水で洗ってぬめりをとり、水をきって器に盛る。
3 辛味大根は手早くすりおろし、ガーゼまたは布巾でしぼる。おろし金に垂直に立て、円を描くように力強く回しながらおろすと辛みが増す。10分ほどで辛みが薄くなるので、食べる直前にすりおろす。
4 3に味噌と薬味を好みで入れ、うどんをつけて食べる。

◎釜揚げの場合は、1のあと、鍋のまま食卓に出す。または、どんぶりに麺を移してゆで汁を入れる。3の大根のしぼり汁を入れ、味噌を溶かし薬味を入れた椀に、直接熱々のうどんをつけて食べる。

坂城町特産の辛味大根はねずみのような形をしているのでねずみ大根と呼ばれる

撮影／高木あつ子

〈山梨県〉

お祝いうどん

上野原市周辺では、七五三、結婚式、還暦の祝いなど、祝いごとの膳の最後に必ずといっていいほど、このお祝いうどんが出ます。上野原市は県の最東部で、かつては養蚕がさかんで「甲斐絹」で有名な織物業により栄えた地域です。河岸段丘の地形と水利に恵まれないことから、水田は少なく、おもに陸稲、小麦、大麦、雑穀、いも類、こんにゃくなどが栽培され、米は貴重で、小麦を使った料理をよく食べていました。

うどんはハレの食事で、日常的には「ほうとう」と同じような味噌仕立ての汁の中で煮る、煮こみうどんが食べられていました。お祝いうどんの麺は細めが味がよいとされ、乾麺は使いません。昔は各家庭で地粉を使って打っていましたが、今は専用の生麺が店で販売されています。つゆもうどんも冷たいものを好む人、両方とも温かいものを好む人など、食べ方はいろいろです。「かて」と呼ばれる野菜などの具を飾り、きれいで華やかなうどんは自慢の一品です。

協力＝前澤悠紀子、石川美鈴
著作委員＝時友裕紀子

撮影／高木あつ子

＜材料＞4人分

【かて*】
油揚げ…1枚（60g）
にんじん…1本（140g）
干し椎茸…2枚（4g）
ほうれん草…180g
砂糖…大さじ2
みりん…大さじ2
醤油…大さじ3
水…約70mℓ

【つゆ】
だし汁（かつお節）…800mℓ
醤油…大さじ4

細めの生うどん…4人分（4玉）
ゆずの皮のせん切り…適量

* ご飯に混ぜる具のことで、「かやく」ともいわれるが、上野原ではうどんにのせる具のことを「かて」と呼ぶ。

＜つくり方＞

1 油揚げは湯通しし、せん切りにする。にんじんも細めのせん切り、干し椎茸は水で戻してせん切りにする。ほうれん草は沸騰した湯でゆでて4cmくらいの長さに切る。
2 鍋にほうれん草以外の1を入れ、砂糖、みりん、醤油と水を入れて、煮る。水はひたひたよりやや少なめに入れるとよい。
3 だし汁を煮立て、醤油を加え、つゆをつくる。
4 たっぷり湯を沸かしうどんをゆでる。椀にゆでたうどんを盛りつけ、2の具（かて）とほうれん草、ゆずの皮を飾り、つゆをかける。

〈山梨県〉

手打ちうどん

山がちで平地が少ないため水田が少ない峡南地域では、米の代用として、地元の小麦を粉にした地粉のうどんを一年中日常的に食べていました。粉はひきたてがおいしく、最近は異常気象で夏が暑く秋になるとおいしくなくなってしまうので、自家用に小麦を栽培して製粉する家では粉を冷凍保存します。昭和40年代まで冷蔵庫が普及していなかったので、当時は打ったうどんは軒先につるして乾燥させて保存したそうです。

この地域ではつけ汁に味噌を使うのが特徴です。味噌汁でうどんを煮こんで食べることもあり、具材はそのときにある身近な食材、例えばかぼちゃや八つ頭などを入れます。寒いときの夕食にすることが多く、南部町では、味噌汁にうどんを入れる食べ方は結婚して初めて知ったけれど、すぐに好きになった、という方もいました。同じ手打ちうどんでも、幅1cm、厚さ2～3mmの幅広の太麺は「べろべろと食べる」ということから「おべろ」といわれます。

協力＝佐野由美子、遠藤静枝、栗田恭子、佐野さとえ、佐野孝子　著作委員＝柘植光代

撮影／高木あつ子

<材料> つくりやすい分量

地粉（中力粉）…500g
塩…ひとつまみ（入れない人もいる）
水…1カップ
だし汁（昆布とかつお節）…2ℓ
醤油または味噌
…1人分につき大さじ1*
みりん、酒…1人分につき小さじ1*
長ねぎまたは青ねぎ、みょうが
…適量

*調味料の量は120mℓのだし汁、煮こみうどんの場合は400mℓのだし汁に対しての分量。

<つくり方>

1 地粉と塩を合わせて、水を少しずつ加えてよく混ぜて練っていく。
2 1を丸めて、のし板の上にのせて麺棒で5～6mmの厚さにのす。
3 2を幅5～6mm（煮こみ用は約1cm）に切る。機械を使うときれいに切れる。
4 熱湯に3のうどんをほぐして入れ、ゆで湯が沸騰したら差し水をし、再度沸騰したらザルにとる。または、ゆで湯にうどんを入れてふいたら火を止め、蓋をして蒸らしてからザルにとる方法もある。
5 だし汁を煮立て、醤油か味噌、みりん、酒で調味してつけ汁にする。好みで冷やしても、温めてもよい。
6 ゆであげた麺を水で洗ってから水をきり、つけ汁をつけて食べる。小口切りのねぎ、せん切りのみょうがを添える。

◎冬は温かい煮こみうどんにして、好みで肉や野菜を加える。

◎だしは干し椎茸を使ってもおいしい。

〈山梨県〉

ほうとう みみ

山梨県は山間地が多く、水利が悪く稲作に向かない地域では、昔から小麦粉を主食とし、ほうとうはほぼ全県で食べられてきました。おほうとう、のし入れ、煮ぼうと、煮ごみうどんと地域ごとに呼び名の違いがあります。畑仕事を終えて帰宅後、地粉でつくった生地と野菜をだしで煮て味噌を入れ、10分ほど煮こめばよく、短時間で温かい夕食ができます。生地に塩を入れないため、「ねかし」の時間はなくても短くてもいいのです。当時の夕食はほぼ、ほうとうで、翌日は前の晩の残りを温かい麦飯にのせて食べたそうです。多くの家では、かぼちゃ入りの甘味のあるほうとうが好まれました。

みみは、ほうとうと同じ生地を農具の箕《み》の形にした料理です。富士川町十谷《じっこく》では、源氏の武将がこれで戦勝を祝ったといわれ、正月や結婚式などに縁起がよいごちそうとして伝えられてきました。福をすくいとるという意味から「福箕《ふくみ》」となり、「みみ」に転じたといわれています。

協力＝矢ヶ崎孝子、依田静子、堀口けい子、望月久美子　著作委員＝時友裕紀子、柘植光代

ほうとう

＜材料＞4人分

【ほうとう】
地粉（中力粉）…400g
ぬるま湯…160〜180mℓ
【具材】
大根…1/3本（320g）
にんじん…1/2本（48g）
ごぼう…1/3本（60g）
かぼちゃ…ひと口大4切れ（100g）
里芋…2個（100g）
椎茸…4枚（32g）
モロッコいんげん*…1本（15g）
油揚げ…2/3枚（20g）
【煮汁】
だし汁（煮干し）**…1.6ℓ
味噌…100g
長ねぎ…適量

*さやいんげん、さやえんどう、ゆでたほうれん草などでもよい。

**水1ℓに煮干し18gの割合。

＜つくり方＞

1 **生地をこねる**：こね鉢に粉を入れてぬるま湯を加えて指先で混ぜ、ぼそぼそのフレーク状にする（写真①）。底や側面に散らばった粉も中に入れながら、両手のひらを使って力を入れてリズミカルに約400回こねる。次第になめらかになり、約10分こねると表面がつるつるになるのでボール状にひとまとまりにする（写真②）。

2 **生地をのす**：のし板に打ち粉として地粉（分量外）をまいて生地をのせ、のし棒で「生地を5回のして90度回す」を10〜15回繰り返し、生地の上下左右を入れ替えながら（写真③）2mmの厚さになるまでのす（写真⑤）。
のし方のコツ：均一な厚みにするために生地の手前と向こうの1cmは薄くしない。生地をのし棒に巻きつけて生地の厚みを手で感じて、厚い部分は力を入れて薄くする（写真④）。のし棒を手前に引くときに力を入れると効果がある。

3 生地を2等分に切り分け、1枚を幅3cmの屏風だたみにして、包丁で幅1cm程度に切る（写真⑥）。

4 大根は2×3cm厚み3mmの拍子木切り、にんじん、ごぼう、かぼちゃ、里芋はひと口大に切り、いんげんは3cmの斜め切り、椎茸は薄切り、油揚げは1×3cmに切る。

5 土鍋にだし汁を入れて沸騰させてまずごぼうを入れ、次に大根、にんじん、里芋、次にほうとう、かぼちゃ、最後にいんげん、椎茸、油揚げを入れて7分煮る。

6 できあがり直前に、煮汁の一部をとり出して味噌を溶いて汁に戻して調味する。

7 中どんぶりにとり分け、小口切りのねぎを薬味として加えて食べる。

◎こね鉢は今回は陶器製だが木製も使われていて、以前はどこの家にもあった。

①

②

③

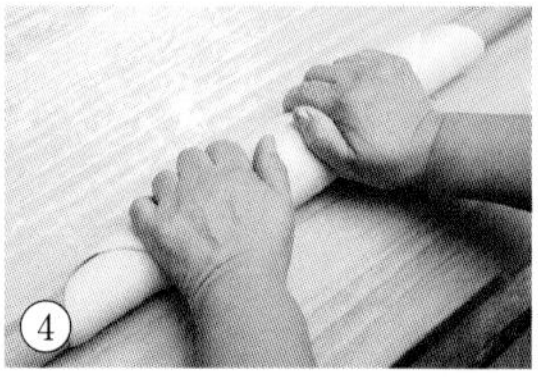
④

⑤

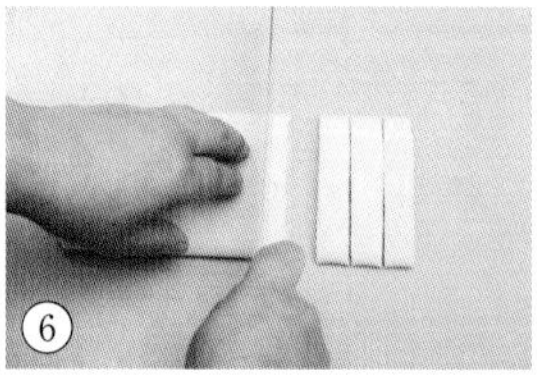
⑥

みみ

ほうとう

撮影／高木あつ子

みみ

＜材料＞ 4人分

すべて「ほうとう」と同量

＜つくり方＞

1 「ほうとう」の**1**～**2**と同様に生地をこねて50cm四方になるまで薄く四角くのす。

2 生地を4等分に切り分け（写真①）、1枚を幅3cmの屏風だたみにして、包丁で長さ3cmに切る。4枚すべて同様に切る。

3 切った生地を広げ、横長になるよう重ねる（写真②）。端を切り落とし、3cm幅に切り、3cm四方の正方形にする（写真③）。

4 正方形の右上と左上の端を中心へ折り曲げて（写真④）、合わせ目を指で押さえて箕《み》の形に成形する（写真⑤）。80～100個できる（写真⑥）。

5 「ほうとう」の**4**～**7**と同様に調理する。できあがりに好みで七味唐辛子やラー油（分量外）をかける。

①

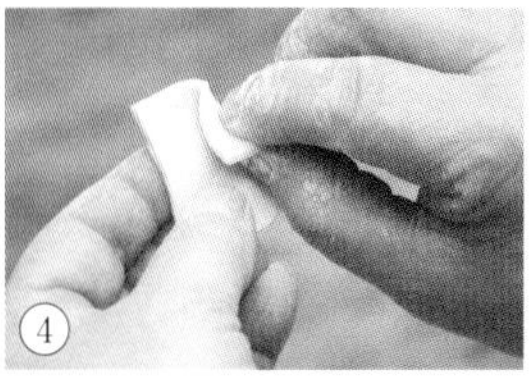

④

②

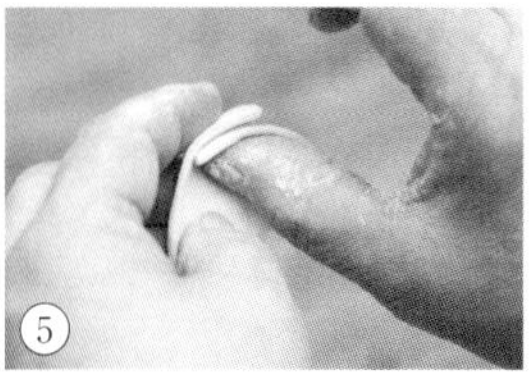

⑤

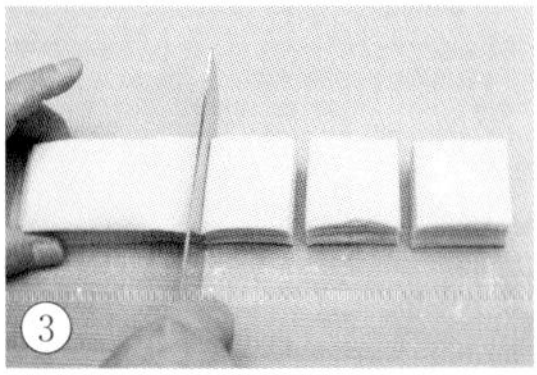

③

⑥

〈愛知県〉

きしめん

　きしめんは、名古屋市の名物料理を指す「名古屋めし」の中でも江戸時代から伝わる、約４００年という長い歴史を持ちます。ゆでた麺の上に刻みねぎ、油揚げ、削りかつお節などを添えて、醤油味の汁をかけて食べます。平たい形状が生む独特の舌ざわりと、のどごしが特徴です。

　この地方では、八丁味噌にみるように濃厚な味や風味を好むことから、つゆの「のり」がよいように、表面積を増やした平たい麺が生まれたのではないかといわれています。また、尾張・三河の倹約気質が、早くゆでられて燃料を節約できるように麺を平たくしたという説もあります。

　だしはかつお節ではなく煮干しでとります。戦後になると、家庭では乾麺でつくられるようになり、商店街にうどん屋ができると、そこでゆでた麺を買ってつくることが多くなったそうです。今は、市内のほとんどのうどん屋のメニューにあり、市民の食生活に浸透しています。

協力＝奥山はぎ子

著作委員＝間宮貴代子、小出あつみ

撮影／五十嵐公

＜材料＞ 2人分

きしめん（乾麺）…160g
だし汁（煮干し）*…800mℓ
醤油**… 大さじ2（36g）
塩…小さじ1（6g）
油揚げ…2枚（20g）
長ねぎ…20cm（20g）
かまぼこ…30g
大きめの削りかつお節…3g

*煮干し60gでだしをとる。

**醤油はたまり醤油を使う家もある。

＜つくり方＞

1. きしめんをたっぷりの湯でゆでる。ふきこぼれそうなときは差し水をする。
2. ゆで上がったらザルにとり、流水で洗ってぬめりをとり、水をきる。
3. だし汁に調味料を加えて味を調える。
4. 油揚げは1cm幅に切り、油抜きをする。ねぎは小口切り、かまぼこは1人2枚になるよう、4枚に切る。
5. どんぶりにきしめんを入れ、その上に油揚げ、ねぎ、かまぼこを飾り、温めた3の汁をかける。最後にかつお節を盛る。

撮影／五十嵐公

＜材料＞４人分

手打ち生うどん…320g
だし汁（かつお節）…1.6ℓ
八丁味噌（豆味噌）…110g
みりん…大さじ3
油揚げ…４枚
鶏もも肉…120g
かまぼこ…8㎜厚さ８切れ
卵…４個
長ねぎ…80g
干し椎茸…４枚

＜つくり方＞

1 油揚げは熱湯で油抜きして斜めに切る。鶏肉はそぎ切りにする。
2 ねぎは斜め切りして、水で戻した干し椎茸は半分に切る。
3 土鍋にだし汁を入れて沸騰させる。生うどんを入れて1〜2分煮る。
4 3に味噌とみりんを入れてよく混ぜる。ここに1と2、かまぼこ、卵を入れて蓋をして煮る。
5 うどんが適度なかたさになったら火を止めて、蓋をしたまま、しばらく蒸す。

〈愛知県〉

味噌煮こみうどん

　だし汁に八丁味噌を溶き、生のうどんを入れて煮こんだうどんです。山梨県の「ほうとう」を参考に、味噌で調味しただし汁でうどんと野菜を煮たのが由来、とされる説があります。だし汁で煮たうどんはかたく、知らない人には「火が通っていない」と勘違いされることもありますが、このかたさも魅力です。だしや具の鶏肉には特産の名古屋コーチンを使うこともあります。一年を通じて食べられますが、特に寒い冬に好まれます。だし汁で直接、生うどんを煮るため、汁に濃度がつき、それがかための麺によく絡みます。具が煮えたら、最後に卵を入れて蒸し煮にし、半熟状の卵黄も絡めて食べます。

　戦中、戦後の子ども時代には、削りかつお節をのせたかけうどんは食べたが、味噌煮こみは食べられなかったという方も、外で働きだすと外食で食べるようになったそうです。今は、チェーンの専門店や調味料つきの市販品もあり、名古屋で長く親しまれている料理です。

協力＝武田郁代
著作委員＝小出あつみ、間宮貴代子

〈三重県〉

伊勢うどん

伊勢うどんは非常にもちもちした太い手打ちうどんで、たまり醤油のつゆをかけ、刻んだ葉ねぎをかけて食べます。見た目は黒く、辛そうですが、だしがよく出たつゆは見た目ほど濃く感じません。伊勢、鳥羽を中心にごく日常的に昼食や間食として食べられており、地域の人はこのうどんじゃないとうどんを食べた気がしないといいます。

古くから伊勢地方は米の裏作として大麦や小麦が栽培されてきました。味噌（豆味噌）の生産もさかんで、農家では手打ちのうどんに味噌だまりをかけて食べていたそうです。昔はお伊勢参りの参宮街道沿いにうどん屋があり、江戸時代から伊勢参りの参拝客にふるまわれ、全国に伊勢のうどんが知れ渡ったといわれています。

うどんは直径1cmほどあり、ゆでるのに1時間近くかかるため、家庭では市販のゆでうどんを買って食べます。ゆでてたれをかけるだけなので、子どもも自分でゆでておやつにしたりするそうです。

協力＝増井紀子、荒木淑子
著作委員＝阿部稚里、平島円

撮影／長野陽一

<材料>

【伊勢うどんつゆ】1.2ℓ分（20人分）
- みりん…400mℓ
- たまり醤油…400mℓ
- 砂糖…大さじ2強（20g）
- だし汁（400mℓ）
  - かつお節…20〜30g
  - 昆布…4g
  - 水…450mℓ

【伊勢うどん】1人分
- 伊勢うどん（ゆで）…1玉
- 伊勢うどんつゆ…40〜50mℓ
- 青ねぎ…少々
- 七味唐辛子（好みで）…少々

<つくり方>

【伊勢うどんつゆ】

1 水に昆布を入れ、30分おく
2 昆布をとり出し火にかける。沸騰したらかつお節を入れ、再度沸騰したら火を消し、粗熱がとれたらこす。
3 みりんを鍋に入れて火にかけ、アルコールを飛ばす。
4 たまり醤油と砂糖を加え、ひと煮立ちさせる。
5 2のだし汁を加えて煮立たせる。冷めたら冷蔵庫で保存する。

【伊勢うどん】

1 伊勢うどんを熱湯の中でゆで、湯をきる。
2 どんぶりに盛り、温かい伊勢うどんつゆをかけて、刻みねぎを散らす。好みで七味唐辛子をふる。冷たいつゆをかけてもよい。

〈京都府〉

たぬきうどん

うどんに甘く炊いた油揚げと九条ねぎを加え、とろみをつけてあんかけにし、しょうがのすりおろしをたっぷりとのせます。油揚げを使っていますがきつねうどんと呼ばないのは、とろみをつけたあんをかけて化《ば》かしているからともいわれています。

底冷えのする冬の京都では、本当に体の芯から温まる一品です。夏の暑いときや体が熱っぽいときなども、フーフーしながら食べ、汗をしっかり出すと、さっぱりとします。京都のうどんは角がなく、とてもやわらかいのでのどを通りやすく、体調の悪いときや食欲のないときには最適です。

京都の食事には油揚げは欠かせません。ぼってりと厚みのある油揚げはしっかりと甘辛い煮汁を含んで、少しずつうどんの汁の味を変化させます。九条ねぎも京都の家庭では常備しているもので、たぬきうどんはすぐにつくれる一品です。もっとも、昔はうどんを出前でとることもあり、それも楽しみの一つだったようです。

協力＝山田熙子
著作委員＝豊原容子、桐村ます美

撮影／高木あつ子

＜材料＞ 4人分

油揚げ…1枚（160g）
- だし汁（昆布とかつお節）*…1カップ
- 砂糖…大さじ2
- みりん…大さじ1と1/2
- うす口醤油…大さじ2

九条ねぎ…3本（約120g）
ゆでうどん…4玉（800〜1000g）
かたくり粉…60g
しょうが…2かけ（40g）
うどんだし
- だし汁（昆布とかつお節）*…5カップ
- みりん…大さじ3
- うす口醤油…大さじ3
- 塩…小さじ1

*水2ℓに対し昆布20g、厚削りかつお節20〜40gでとっただし。

＜つくり方＞

1 油揚げは短冊に切ってだし汁と砂糖、みりん、醤油でゆっくりと煮含める。
2 九条ねぎは太めの斜め切りにする。
3 うどんは熱湯をかけておく。
4 うどんだし用のだし汁を調味し、3のうどんを入れて少し煮る。うどんを器に盛りつける。
5 残っただしに、ねぎと1を加えひと煮立ちさせ、同量の水（分量外）で溶いたかたくり粉を加えとろみをつける。
6 4に5をかけ、すりおろしたしょうがをたっぷりとのせる。

〈大阪府〉

きつねうどん

具は少し甘めに煮た薄揚げとねぎだけですが、うま味のきいたかつお節と昆布のだしが際立つ一品です。うす口醤油で味をつけるので、汁の色は薄く、だし汁を味わいます。うどんはやや、やわらかめ。大阪ではそばよりもうどんが好まれ、家庭でも店でもよく食べます。うどんとかやくご飯という「うどん定食」もあります。

大阪市内にはうどん屋も多く、きつねうどんは日曜の昼に出前でよく食べたと語る人もいます。それが冬になると、だし汁にとろみをつけおろししょうがとねぎをのせた「あんかけうどん」になったといいます。かまぼこ入りのこともあったそうです。

「うどんすき」は太めのうどんに季節の魚介や野菜を加えて薄味で煮るもので、昭和の初めに大阪の料理店が始めました。ある家庭ではうどんすきというと寄せ鍋にうどんを入れた鍋ものだったそうです。かつおだし、昆布だしのうま味に、魚介類や鶏肉などとの相乗効果で大変おいしいうどんです。

協力＝藤原弘子、狩野敦
著作委員＝八木千鶴

＜材料＞ 4人分

ゆでうどん…4玉
かけ汁
- だし汁*…6カップ
- うす口醤油…大さじ2
- 砂糖…大さじ1
- みりん…大さじ3

薄揚げ(三角揚げ)…4枚(1枚約50g)
- だし汁*…1カップ
- 砂糖…大さじ1と1/3
- うす口醤油…大さじ1
- みりん…大さじ1

青ねぎ…1本 (20g)

*水8.5カップに対し昆布24g、かつお節24gでとっただし。できあがり約8カップとなり、昆布、かつお節の重量比がそれぞれ約1.5%になる。

大きな薄揚げ(三角揚げ)

撮影／高木あつ子

＜つくり方＞

1 三角揚げをたっぷりの湯で1～2分ゆで、油抜きする。だし汁に調味料を加え、汁が1/3くらいになるまで気長に煮る。そのまま煮汁につけておく。
2 ねぎは斜めに細く切る。
3 かけ汁用のだし汁を温め、調味料で味を調える。
4 ゆでうどんを温めたらザルで湯切りし、温めたどんぶりに入れる。
5 三角揚げとねぎをのせて熱いかけ汁をかける。好みで七味唐辛子をかけてもよい。

〈香川県〉
打ちこみうどん

香川県は典型的な瀬戸内海式気候で日照時間が長く、平野も広いので穀物の生産に適しています。おもな作物は稲ですが、戦国から江戸時代にかけて二毛作がさかんになり、小麦の生産が増えました。その小麦と季節の野菜などを組み合わせたのがこのうどんです。

いりこだしに油揚げやねぎなど、その時期にとれる野菜を入れて汁をつくります。塩をほとんど使わずにつくった麺はゆでずに汁の中で煮るので、どろっとした汁になります。讃岐うどんのようなコシはなく、ぷつぷつ切れる麺です。ご飯が足りないときには、具だくさんの汁にしてお腹のたしにしました。季節の具材と一緒にすする、汁ものともいえます。かつては農村の冬の日常食、寒い日の夕食につくられました。汁の準備をしている間に生地をねかし、汁ができ次第、生地をのばして切って煮ます。なのでねかす時間は決まっておらず、早い場合は30分弱でした。味つけは醤油もあれば、味噌味にするところもあるそうです。

協力＝河野トモ子、鈴木タカ子、山下照子、岡崎一江　著作委員＝次田一代

撮影／高木あつ子

＜材料＞ 4人分

- うどん用小麦粉（中力粉）…250g
- 水…125mℓ
- 塩…小さじ1/2弱（2.5g）
- 打ち粉（コーンスターチ）…適量
- 白菜…1枚（120g）
- 大根…2cm長さ（75g）
- にんじん…1/2本（75g）
- 太ねぎ（長ねぎ）…2/3本（70g）
- 里芋…100g
- 椎茸…3個（50g）
- 油揚げ…1枚（90g）
- だし汁（いりこと昆布）*…2.4ℓ
- うす口醤油…大さじ1

*いりこは水の5%重量（120g）、昆布は2.5%重量（60g）。

◎具に豚肉100gを加えてもよい。

できあがりに溶き卵を加えて卵とじにし、細ねぎを散らしてもおいしい

＜つくり方＞

1. 水に塩を溶かし、食塩水をつくる。
2. ボウルに小麦粉を入れ、両手をすり合わせてダマがあれば除く。
3. 2に1を数回に分けてふり入れ、両手を広げて粉を混ぜ、水分が均一に行き渡るようにする。
4. 生地を寄せて集め、手のひらで押さえながらこねてまとめ、30〜60分ねかす。
5. 4の生地に打ち粉をふり、麺棒で四角く3mmの厚さにのばす。10cm幅の屏風だたみにし、5mm幅に切る。
6. 白菜は2cm幅の細切り、大根とにんじん、油抜きした油揚げは3cm長さの短冊、椎茸は細切り、ねぎは3cm長さ、里芋は皮をむきひと口大に切る。
7. だし汁にねぎ以外の6の具を入れて煮る。やわらかくなったら、5のうどんを入れ、10分ほど煮てかたさをみる。
8. やわらかくなったらねぎを加え、醤油で調味して火を止め、鉢に盛る。

〈香川県〉

しっぽくうどん

季節の野菜を煮こんだ具だくさんの汁を、ゆでたうどんにかけたものです。汁に大根や里芋、にんじん、ねぎなどの野菜の甘味や旨み、油揚げの味が出て、寒い季節にとてもおいしく、これだけで食事にもなり、めったに使わない鶏肉が入るとごちそうだったそうです。昔は大晦日をはじめとする年中行事、また冠婚葬祭にはうどんがふるまわれ、法事の際もゆでうどんを家族の人数分、重箱につめて持っていったそうです。

昭和40年代頃からは、しっぽくうどんには購入したゆでうどんを使うのが一般的になってきました。香川県には各地に製麺所があり、そこでうどん重に入ったままのゆでうどんを簡単に購入できました。法事や地域の集まりでは、製麺所からうどんを買って、それを温めなおし、つけだしにつける「湯だめ」で食べるのが普通でした。聞き書きした三豊《みとよ》市財田《さいた》町でも、昔は製麺所が数軒あり、うどんはそこで購入していたそうですが、こうした地域の製麺所は減っています。

協力＝河野トモ子、鈴木タカ子、山下照子、岡崎一江　著作委員＝次田一代

＜材料＞ 4人分

- うどん用小麦粉（中力粉）…250g
- 水…125g
- 塩…小さじ2弱（10g）

大根…2cm長さ（75g）
にんじん…1/2本（75g）
油揚げ…1枚（90g）
太ねぎ（長ねぎ）…1本（100g）
椎茸…3〜4個（50g）
白菜…1〜2枚（175g）
里芋…2個（80g）
鶏肉…70g
だし汁（いりこと昆布）…1.2ℓ
醤油…大さじ2と2/3（40mℓ）

＜つくり方＞

1 水に塩を溶かし、食塩水をつくる。
2 ボウルに小麦粉を入れ、両手をすり合わせてダマがあれば除く（写真①）。
3 2に1を数回に分けて振り入れ、両手を広げて粉を混ぜ、水分が均一に行き渡るようにする（写真②）。
4 3をこねてだんごにまとめ（写真③）、ポリ袋に入れて、かかとを中心にして回り、約100回踏む。裏返して生地を折りこみ、まただんごにして同様に踏む。これを6回繰り返す（写真④）。
5 4を袋から出し、下になっていたほうを中に入れて丸め、手で押さえて扁平にして（写真⑤）ポリ袋に入れて1時間以上ねかす。
6 生地に打ち粉をふり、麺棒で3mm厚さにのばす（写真⑥〜⑧）。
7 生地を10cm幅の屏風だたみにして（写真⑨）、3mm幅に切る（写真⑩）。切ったものを麺線という。
8 たっぷりの湯で10〜15分ゆでる。湯の中で麺線がぐるぐると舞うように（写真⑪）火を調節する。
9 ザルにあげ、流水で表面のぬめりをとり、4つに玉どりをする（写真⑫）。
10 大根、にんじんは3cmの短冊、油抜きした油揚げは短冊、ねぎは3cm長さ、椎茸と白菜は細く、里芋は皮をむいてひと口大に、鶏肉は細かく切る。
11 だし汁にねぎ以外の10の具を入れ、やわらかくなったらねぎを加え、少し煮て、醤油で味を調える。器に入れた温めたうどんにかける。

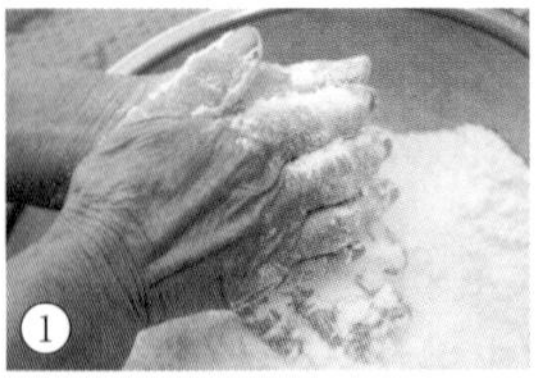

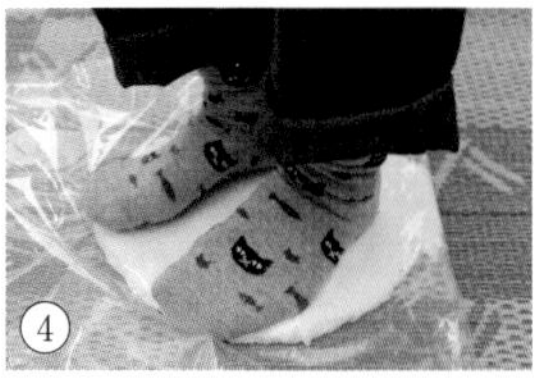

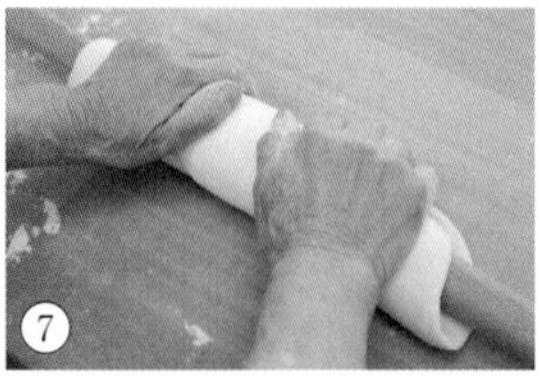

撮影／高木あつ子

〈愛媛県〉

包《ほう》丁《ちょう》汁《じる》

小麦粉をこねて包丁で切り、太めのうどん状にのばし、たっぷりの煮汁で煮こんだ料理です。包丁と呼ばれる麺は太さも長さも不ぞろいですが、細いところはつるつる、太いところはしこしこと、均一でないのが味わい深いのです。手でのばすのでエッジは立っていませんが、ところどころのねじれた部分に適度に角があり、おもしろい食感をかもし出しています。

宇和島市吉田町をはじめ、南予地方の海岸沿いや今治市の島しょ部でもつくられており、じゃこてんの代わりに魚のすり身を入れる地域もあります。豊後水道をはさんだ大分県でも同類の料理があります。九州と四国西南部は古代から交流があり、人や物資の往来とともに伝えられたのかもしれません。

汁に直接、麺を入れるので、柑橘の収穫など農作業の繁忙期でも手軽につくれます。麺は、家庭用のまな板と麺棒でできます。ほどよく残った打ち粉により、汁にとろみがつき、冷めにくいので寒い時季には体が温まり、腹持ちもよく喜ばれます。

協力＝清家千鶴子　著作委員＝亀岡恵子

<材料> 4人分

包丁(麺)
- 小麦粉(中力粉)…250g
- 塩…小さじ2/3
- 水…140〜150mℓ

打ち粉(小麦粉)…適量

だし汁
- 干し椎茸…2枚(8g)
- 冷水…2カップ
- かつお節…15g

水…6カップ
みりん…小さじ2
醤油…大さじ2〜3
じゃこてん…1枚(45g)
にんじん…4cm長さ(40g)
油揚げ…1/2枚(15g)
青ねぎ…中1本(20g)

じゃこてん。小魚を骨ごとすりつぶして揚げた南予地方特産の練りもの

<つくり方>

1 干し椎茸を冷水で戻し、戻し汁とともに強火にかけて、50〜60℃(鍋底から小さな泡が立ち始める)まで温度を上げる。次に弱火にして、70℃(鍋肌に小さな泡がたくさんついてくる)までゆっくり温度を上げ、椎茸のうま味を引き出す。椎茸をとり出して強火に戻し、かつお節を加えてひと煮立ちさせてこし、だし汁をとっておく。

2 小麦粉に塩を加え、水を少しずつ加えて練り、耳たぶのやわらかさになるまでこね、ラップをして30分ほどねかす。その生地を1/2に分割し、まな板に打ち粉をして麺棒で8mmくらいの厚みにのばす(写真①)。上面に打ち粉を多めに振って端からくるくる巻く(写真②)。これを包丁で1cm幅に切り(写真③、④)、巻きの両端を引っぱりながら元の2倍の長さのひも状にする(これを包丁という)(写真⑤、⑥)。

3 椎茸はせん切り、油揚げは短冊切りにする。にんじん、じゃこてんは、太めのせん切りにする。青ねぎは小口切りにする(写真⑦)。

4 鍋に1のだし汁と水6カップ、みりん、醤油を入れて煮汁をつくる。沸いたら椎茸、にんじん、油揚げ、じゃこてんを加える。

5 再び沸いてきたら、包丁(麺)の打ち粉をはらって、ひとつかみずつほぐしながら入れる(写真⑧)。煮汁が再沸騰したら次を入れる。火が通る前に混ぜると切れやすいので、なるべく混ぜない。入れた包丁(麺)が全部浮き上がってきたら火からおろす。

6 盛りつけて薬味に青ねぎを添える。

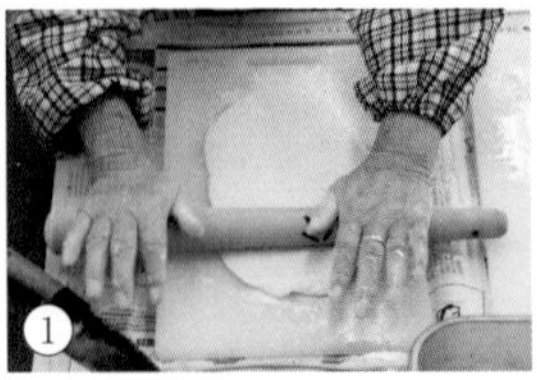

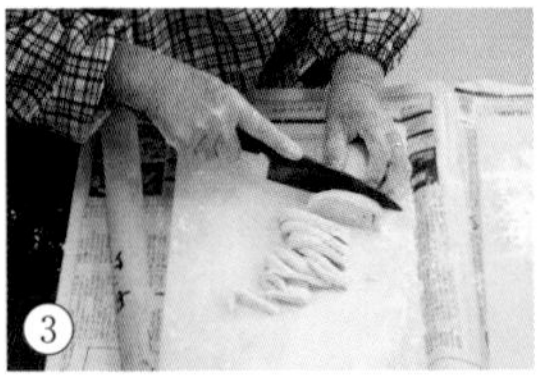

撮影／五十嵐公

たらいうどん

〈徳島県〉

うどんが入ったたらいを囲み、みんなで食べるたらいうどんは、阿波市土成町《どなりちょう》では、日常でもハレの日でも親しまれている料理です。

山がちで雨が少なく、稲作に向かない地域だったため、昔からよく小麦をつくっては水車小屋で粉にひき、うどんにして食べていました。山仕事に従事する人が多くいましたが、こうした人たちの仕事納めもうどんでした。このとき河原で打ったうどんをたらいに入れてふるまったことから、たらいうどんが始まり、家庭にも広まったといわれています。

うどんのつゆにはじんぞくという川魚からとっただしを使います。最近では手に入りにくくなりましたが、じんぞくを使ったつゆは臭みがなく、さっぱりとした味わいでうどんによく合います。食べるときはこのつゆが薄まらないよう、麺をたらいの縁につけ、ゆで汁の水けをきりながらつゆにつけて食べます。大勢の人で同じたらいを囲み、麺をとりつつ食べるのがこの料理の醍醐味です。

協力＝中筋雅明
著作委員＝後藤月江

撮影／長野陽一

＜材料＞ 3人分

- 小麦粉（中力粉）…400g
- 塩…10g
- 水…160mℓ
- 打ち粉（中力粉）…適量

- 水…450mℓ
- 生のジンゾク*…100g
- 醤油、みりん…各大さじ1
- 塩…ひとつまみ
- 砂糖…小さじ2

青ねぎ、しょうが、すだち…適量

*ハゼ科ヨシノボリ属の淡水魚「カワヨシノボリ」の地域名。イワシの煮干し10gでもよい。

＜つくり方＞

1 ジンゾクを水に入れて火にかけ沸騰させる。ジンゾクをとり出し、調味料を加えてひと煮立ちさせる。

2 うどんを打つ。小麦粉はダマがないようにボウルにふるい入れる。

3 水に塩を入れて塩水をつくり、**2**に少しずつ回し入れ、塩水を行き渡らせる。手で混ぜて、ぽろぽろのフレーク状にする。

4 **3**をひとまとめにし、つやが出るまで練る。なめらかになったらぬれ布巾をかけ、夏場なら2時間、秋〜冬場なら3時間から一晩寝かす。

5 **4**をポリ袋に入れて足で踏み、平たくする。

6 打ち粉をした台の上に**5**の生地をのせる。生地にも軽く打ち粉をし、麺棒でのばす。1cm程度の厚さになったら表面に打ち粉をして麺棒に巻きとり、中から外へ押しながら転がす。3〜4mmの厚さになったら、10cm幅の屏風だたみにする。

7 厚さ、太さがそろうように、手を軽く添えて包丁を手前から押し出すように3〜4mm幅に切る。切った麺は打ち粉をふり、両手でさばき、麺がくっつかないようにする。

8 たっぷりの湯を沸騰させ、うどんをほぐしながら入れる。箸で静かに混ぜながら強火で12分くらい煮る。差し水はせず、うどんの芯に火が通るまでゆでる。

9 ゆで上がったら水洗いはせず、たらいにゆで汁とともに移す。温めた**1**のつゆとねぎの小口切り、おろししょうがを添え、すだちをしぼって食べる。好みで油揚げの細切りや粉唐辛子を添えてもよい。

〈大分県〉

ごまだしうどん

大分県南部に位置する佐伯《さいき》市米水津《よのうづ》は、豊後水道《ぶんごすいどう》に面した海の町。昔から漁師の家ではとれ過ぎたエソなどの魚をあぶったものやイワシの煮干しを醤油や砂糖、すりごまと合わせて「ごまだし」をつくり、ご飯にのせてお茶漬けにしたり、煮物や汁もの、だんご汁に入れて調味料のように使ってきました。

なかでもよくつくるのがごまだしうどんです。佐伯は米があまりとれない地域で、主食や間食にはうどんやまんじゅう、さつまいもをよく食べました。ゆでうどんにのせてお湯をかけるだけでできるごまだしうどんは、忙しい日の朝食や昼食、小腹が減ったときに手軽に食べられる便利なものでした。新鮮で脂肪分の少ないカタクチイワシの煮干しを使うと、臭みがまったくなく、凝縮した旨みを味わえます。これと香ばしいごまの香り、甘じょっぱい醤油味が合わさり、うどんがするする食べられます。調味料と乾物だけでできているので、保存もきき、一度にたくさんつくっておくと重宝します。

協力＝渡辺正太郎、渡辺千智朗
著作委員＝立松洋子

撮影／戸倉江里

<材料> 4人分

いりこ（カタクチイワシの煮干し）…80g
白ごま…80g
醤油…60mℓ
砂糖…30g
酒…1/2カップ
ゆでうどん…3玉
青ねぎ…適量
熱湯…適量

<つくり方>

1 醤油と砂糖、酒を鍋に入れ、火にかけて人肌に温める。
2 いりこの頭と内臓ををとり、かるく炒ってすり鉢でする。ごまを入れてさらにすり、1を少しずつ入れながらする。
3 温めたうどんに2のごまだしをかけて、小口切りにしたねぎを散らす。熱湯を注いで食べる。

〈大分県〉

ほうちょう

大分市の戸次《へつぎ》地域でつくられている料理で、2〜3mもの長さにのばした麺をつゆにつけながら食べます。戦国時代に大分を治めていた大友宗麟《おおともそうりん》に、好物のアワビの腸《ちょう》に見立ててこの料理を出したところ大層喜ばれたそうで、このことから「鮑腸《ほうちょう》」と呼ばれるようになったといわれています。

ほうちょうの麺はコシが強く食べごたえがあるのが特徴です。コシを出すためには長時間こねる必要があり、また、麺を手で長く均一な太さにのばすのは熟練の技がないとできません。戸次は小麦の生産がさかんな地域で、日常的に酒まんじゅうやだんご汁、すいとんなど小麦を使った料理をよくつくりましたが、時間も手間もかかるほうちょうは特別な日の料理。つゆも干し椎茸、かつお節、昆布、いりことだしが出る素材がたくさん入ったぜいたくなものです。醤油とみりんで味つけした少し甘味のあるつゆに、しょうがやねぎなどの薬味の辛味とかぼすの酸っぱさが合わさり、バランスのよい味になっています。

協力＝津野律餘　著作委員＝立松洋子

<材料> 4人分

- 小麦粉（中力粉）…300g
- 塩…8g
- 水…140〜145mℓ
- いりこ…12g
- 干し椎茸…1枚（4g）
- 昆布…4g
- かつお節…4g
- 水…3カップ
- 醤油…大さじ4
- みりん…小さじ2
- 好みで青ねぎ（小口切り）、しょうが（すりおろし）、みょうが（せん切り）、かぼす、ゆずなど…適量
- すりごま（白）…適量

<つくり方>

1 小麦粉と塩をボウルに入れて混ぜる。水をゆっくり少しずつ入れながらこねる（写真①）。最初はかたいが、力を入れてよくこね（写真②）、耳たぶくらいのかたさにする。かたい場合はぬらした手でこねるとよい。ぬれ布巾をかけて20〜30分ねかせる。

2 ねかせた生地はやわらかく、扱いやすくなっている。生地を棒状にのばしてから1つ50gほどの塊になるようちぎりとる（写真③、④）。これを両手ですり合わせながらそれぞれ直径2cm、30cm長さにのばす（写真⑤）。もろぶたなどに並べ、ぬれ布巾をかけて30分ほどねかせる。

3 この間につゆをつくる。いりこ、干し椎茸、昆布を水に60分ほどつけてから弱火にかけ、沸騰したら昆布をとり出す。かつお節を加え、ひと煮立ちしたら布巾でこす。みりんを加えて再度加熱し、火を止めて醤油を加える。

4 **2**の両端を持ち、両手の親指と人差し指を使ってこよりをひねるように均一な太さにのばしていく（写真⑥）。長くなってきたら2、3回折り畳み、両端を持って上下に揺らしながらさらにのばして2〜3m長さにする（写真⑦）。できたものはもろぶたやばんじゅうにかけておく（写真⑧）。

5 湯を沸かし、**4**を10分ほどゆでる。水でしめてどんぶりに盛る。温かい湯をはる。

6 **3**のつゆを椀に入れ、薬味とすりごまを加える。麺を椀に入れて、箸で切りながら食べる。

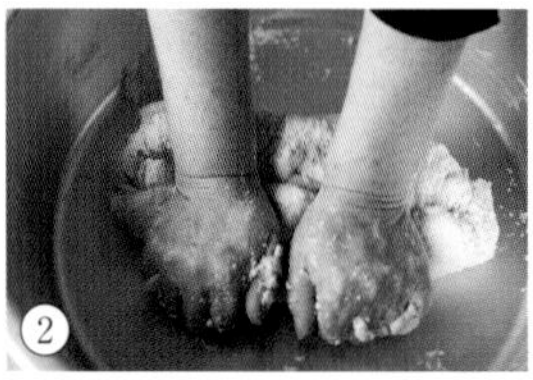

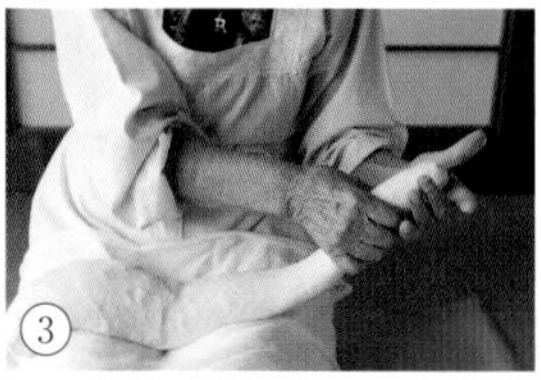

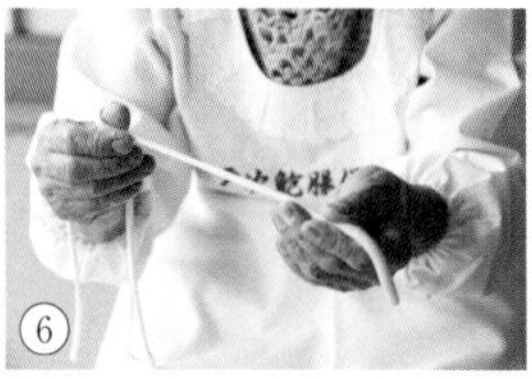

撮影／戸倉江里

〈大分県〉
鯛めん

鯛はつがいになったら決して離れないといわれていることから、鯛めんは結婚式の縁起物として欠かせないものでした。立派な鯛が一尾まるまるのった大皿は見た目にも豪華で、婚礼のしめくくりに出ると祝いの場がさらに華やぎます。海から離れた宇佐市院内町《いんないまち》では、自宅で結婚式をする際、特別に海に近い場所にある料理屋の板前さんを呼んで鯛めんをつくってもらうこともあったようです。丁寧に煮た鯛はふわっとやわらかく、上品な味。鯛の煮汁がかかった麺もおいしく、皆が喜ぶごちそうで、結婚式だけでなく初雛《はつびな》や漁師が新しい船を進水させる「ふなおろし」などのハレの日にも出されました。

鯛めんの麺は、そうめんのこともありますが、小麦の生産がさかんな大分ではうどんが日常的に食べられており、家庭にある製麺機を使って打ったうどんにすることもありました。鯛も今回紹介したように煮つけるほか、蒸したり、焼いてから煮て出す地域もあります。

協力＝金丸佐佑子、中山ミヤ子、木下美千代、末松恵美、岩野總子　著作委員＝山嵜かおり

＜材料＞ 15人分

うどん（乾麺）…450g

- タイ…1尾（25cm大）
- だし汁*…2ℓ
- 酒…1カップ
- 醤油…2と1/4カップ

- 干し椎茸（だしをとった後のもの）…5枚
- だし汁*…1カップ
- 醤油…大さじ2
- 砂糖、みりん、酒…各大さじ1

好みで錦糸卵、ゆでた菜の花…適量

*干し椎茸中5枚と昆布20cmを水に30分～1時間ほどつけてから火にかけ、ひと煮立ちしたら昆布と椎茸をとり出し、だしをとる。

＜つくり方＞

1 大鍋にだし汁2ℓを入れて火にかける。酒と醤油を加えて味を調え、火を止める。

2 タイのうろこと内臓をとり、塩（分量外）をして少しおく。

3 タイにさらしをかぶせて熱湯（分量外）をかけ、霜降りにする。

4 身がくずれないようにタイをさらしにくるんで、1に丁寧に入れ、弱火で火が通るまで煮る。煮上がったらさらしごとタイを鍋からそっととり出し、大皿に盛りつける。

5 椎茸は薄切りにして、だし汁1カップと醤油、砂糖、みりん、酒で煮る。煮汁が少なくなったら火を止める。

6 うどんをたっぷりの湯でゆでる。ゆで上がったらうどんをザルにあげ、流水でよく洗ってから水をきる。

7 4の大皿にうどんと5の椎茸、好みで錦糸卵やゆでた菜の花を一緒に盛りつけ、4の煮汁をかける。

8 大皿で宴席に出してお披露目してから、おのおの小皿にうどんをとり、タイの身と錦糸卵や菜の花、椎茸の煮物をのせて、煮汁をかけて食べる。

◎6でゆでたうどんは、一度4の煮汁に入れて煮こんでから出すこともある。

撮影／戸倉江里

家庭で使われていた小型手動式製麺機

ハンドルを回して生地をのばし、さらに麺状になるように切る。p44の群馬県の手打ちうどんのように、戦後から昭和40年代頃まで各地の家庭で製麺機が使われていました。今はなかなか見られない製麺機の構造を紹介します。

撮影／オカダタカオ　出典／『趣味の製麺』1号（発行人：玉置標本）

鋳物《いもの》でできた小型手動式製麺機は、戦後、鋳物工場が製麺機や製粉機などの食品加工用の機械をつくり、それが家庭用に普及したと考えられています。群馬県、埼玉県、山梨県などの粉ものを日常的に食べる地域で使われていました。ところが、昭和40年代以降、炊飯器が普及して米が手軽に食べられるようになり、また安価な生麺や乾麺がスーパーなどで出回るようになると、家庭で麺を打つ機会が減り、それとともに家庭用製麺機の生産も減っていったようです。

写真は小野式製麺機1号型 両刃型。製麺機は「小野式」「田中式」などの製造メーカー名をつけて呼ばれる。麺の太さは2㎜前後が標準。この製麺機には、背面に幅広の麺にできる切刃がもう一つついている

＜使い方＞

*こねた生地をのして切るところまで。

1 まとめた生地を適宜切り分け、ホッパーからロールの間に入れ、ハンドルを回転させて生地全体をのばす。
2 再びロールを通してのばす。ロールの間隔を蝶ネジで調節して狭くし、好みの厚さになるまで、3〜5回ほどロールに通してのばす。
3 のした生地を切刃の間に入れ、ハンドルを回して切る。麺が好みの長さになったらハサミなどで切る。打ち粉をふる。

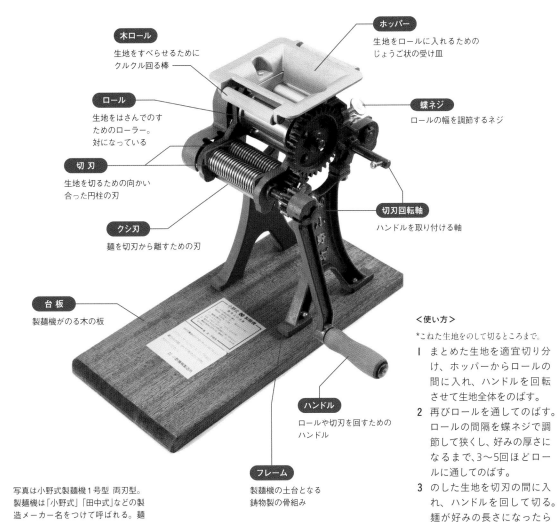

そうめん

細さとコシ、のどごしのよさが身上のそうめんは、えびのだしやごまのつけ汁で夏にさっぱりといただきます。法事のおとうじや結婚式の鯛めんのようなハレ食がある一方で、昭和の中頃には徐々に身近な食品になってきて、日常の手軽な食事にも使われました。

〈宮城県〉

ごまだれうーめん

うーめんは、宮城県南部・白石《しろいし》市名産のそうめんですが、長さが9㎝ほどと短く、油を使わずつくられているのが特徴です。江戸時代、白石城下に住んでいた鈴木浅右衛門という人が胃腸の弱い父親のために油を使わず消化によい麺をつくったのがはじまりといわれています。そして、この話に感銘を受けた白石の武将が、「人を思いやる温かい心を持つ麺」という意味を込め「温麺《うーめん》」と名づけたといいます。麺が短い理由は、殿様に献上する際、馬の鞍の上で折れにくいよう短くした、長い麺は上等品で庶民用には短く切った下等品が使われた、など諸説あります。

お中元などでうーめんをもらうと、冬場は温かなにゅうめんに、夏場は冷たくして醤油のつゆやごまだれ、くるみだれなどでさまざまな味を楽しみます。ごまだれは宮城ではもちやだんごにもつけるおなじみのたれ。甘じょっぱいごまだれがさっぱりとした味のうーめんにからんでおいしく、誰もが好きな組み合わせです。

協力＝赤坂あさの、赤坂和昭、佐藤恵子
著作委員＝和泉眞喜子、野田奈津実

撮影／高木あつ子

＜材料＞4人分

うーめん…4束（400g）
黒ごま…60g
砂糖…60g
醤油…1/4カップ
水…1/2カップ
酢…5〜10mℓ

＜つくり方＞

1 ごまは炒ってから、すり鉢でねっとりとして油が出るまでよくする。
2 砂糖を少しずつ加えてする。醤油、水も加えてすりのばし、酢を加えてさらにする。
3 たっぷりの湯に、うーめんをぱらぱらとほぐし入れて3分ほどゆでる。ゆで上がったら手早くザルに移して冷水で洗い、水けをきる。
4 うーめんは器に盛り、ごまだれは小鉢に入れる。うーめんをごまだれにつけて食べる。

白石温麺。一般的なそうめんより短く、少し太いのが特徴。飲みこむ力の弱い高齢者や幼児も食べやすい

〈長野県〉

おとうじ

おとうじの「とうじる」とは温めるという意味で「湯治《とうじ》」からきたといわれています。竹で編んだとうじかごにゆでた麺を入れ、具だくさんの汁の中で温め直して食べます。汁をつくり、麺をゆでておけば、すぐに出せるので、善光寺平では法事など人が集まるときによくつくられました。

「たくさん準備していますから、おかわりしてくださいね」と椀に入れたおとうじを客の近くにおき、客は自分の椀に移します。空いた椀はすぐに下げ、次の椀をおきます。こうすると客はおかわりを求めず、遠慮なく何杯も食べられました。汁は少なめに、麺や具をたくさん食べてもらえるようにします。普段は買うひやむぎをふんだんに食べられるごちそうでした。

この食べ方は県内各地で見られ、上田・佐久や南安曇《みなみあづみ》にはうどんでつくる「おにかけ」があり、筑摩《ちくま》では「とおじかけ」と呼んでいます。木曽ではそばでつくる「とうじそば」、鬼無里《きなさ》では「干葉《ひば》のおこがけ」(p18)があります。

協力＝西村安子
著作委員＝高崎禎子

＜材料＞ 4人分

ひやむぎ…300g
白菜…2枚(200g)
にんじん…1/3本(50g)
大根…5cm(200g)
ごぼう…1/3本(50g)
玉ねぎ…1/2個
長ねぎ…1本
えのきだけ…2袋(200g)
ちくわ…2本
油揚げ…3枚
干し椎茸…3枚
だし汁(煮干し)…1.5ℓ(椎茸の戻し汁も合わせて)
醤油…80〜150mℓ
塩…適量

＜つくり方＞

1 白菜はざく切り、にんじんはいちょう切りかせん切り、大根はいちょう切り、ごぼうはささがき、玉ねぎは薄切り、ねぎは斜め薄切り、えのきだけは4cm長さに切り、ちくわは輪切り、油揚げは縦半分に切って細い短冊切り、干し椎茸は水で戻してせん切りにする。

2 ひやむぎはかためにゆで、水で洗ってぬめりをとり、一塊《ひとかい》(1回分ずつのかたまり)にしてザルにあげておく。手で麺を持ち上げ、2つにたたむようにしてまとめる(写真①、②)。

3 鍋にだし汁と椎茸の戻し汁を入れ、ねぎ以外の材料をすべて入れて煮て、野菜がやわらかくなったらねぎを加え、醤油、塩で調味する。

4 とうじかごに**3**の具を適量入れ、その上にひやむぎを一塊入れ、汁の中でしっかりととうじる(温める)(写真③)。

5 汁を軽くきり、椀にとうじかごをくるりと返して(写真④)、盛りつける(写真⑤)。汁はほとんど入れない。

①

②

③

④

⑤

撮影／高木あつ子

〈富山県〉

大《おお》門《かど》素《そう》麺《めん》

県西部の砺波《となみ》市大門地区で寒中につくられる大門素麺は、ゆでるとしこしことコシがあり、つるりとした舌ざわりで一度食べたら忘れられません。先祖伝来の長い長い手延べそうめんです。丸まげといわれる独特の形と、4玉を和紙で包んだパッケージも特徴的です。

大門地区は、田畑の中に農家が点在する散居村《さんきょそん》です。秋の稲刈りが終わると、農家の冬の副業としてそうめんづくりをします。江戸時代後期に能登から製法が伝わったといいます。

このそうめんを、初夏から富山湾でとれる白えびのだしでいただきます。つけ汁は昆布や煮干しと合わせたり、白えびを半分に切って煮てうま味の濃いだしをとったりと、こだわりはさまざまです。だしがらのえびはあめ炊きにして食べ、無駄がありません。

さっぱりと冷たいそうめんもおいしいですが、白えびのかき揚げや、ゆでたり揚げたりしたほたるいかをのせて温かいにゅうめんで食べるのもおすすめです。

協力＝尾山春枝、境欽吾
著作委員＝深井康子、守田律子、原田澄子

＜材料＞4人分

- 大門素麺…350g
- 白エビだしのつゆ
  - 白エビ…200g
  - 水…400mℓ
  - 醤油…40mℓ
  - 砂糖…20g
- 白エビのあめ炊き
  - 白エビのだしがら…150g
  - 醤油…大さじ2
  - 砂糖…大さじ2
- しょうが…40g
- 青ねぎ…40g

大門素麺。丸めた4玉で1個のパッケージになっている

＜つくり方＞

1. 湯を沸かし、洗った白エビを入れて、5分ほど煮出して冷ましたあとでザルに布を敷いてこし、白エビだしをとる（写真①）。
2. 1のだし汁に醤油、砂糖を入れてひと煮立ちさせ、冷やす。
3. だしがらのエビを鍋に入れ、醤油、砂糖を入れて炒りつけて煮つめ、あめ炊きにする。
4. たっぷりの湯を沸騰させて、大門素麺を半分に割って入れる（写真②）。ゆでながらほぐし、沸騰したら差し水をして、少しかためにゆでる。
5. 次に沸騰したら、そうめんをザルに上げ、流水で泡が出なくなるまでよくもみ洗いし、ザルで水けをきる。
6. 白エビのあめ炊きと、薬味としてすりおろしたしょうがと小口切りのねぎを添えて2のつゆでいただく。

①

②

冬の砺波市大門地区にて。180㎝ある半乾燥の麺を半分にねじり切る

朝の新湊漁港。未明から白エビ漁に出ていた漁船が戻ってくる

とれたての白エビ

四つ折りにし、丸まげの形に丸める

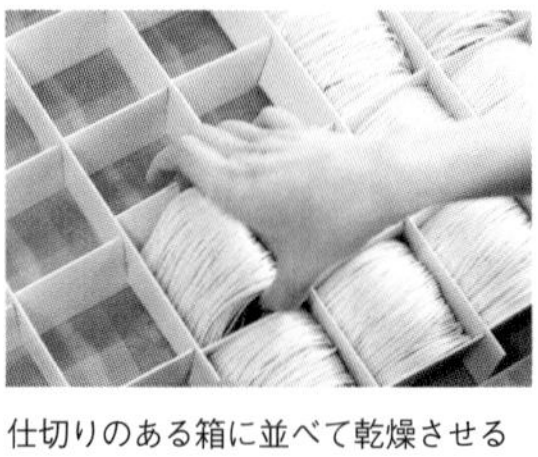
仕切りのある箱に並べて乾燥させる

撮影／長野陽一

〈千葉県〉

そうめんごま汁

県のほぼ中央部に位置する東金《とうがね》市で、農村地帯である源《みなもと》地区ではほとんどの家で黒ごまをつくっており、落花生の畑の片隅、作物の芽が出なかったところなど、空いた畑があればすみずみまでごまを育てました。このあたりでは、ごまといえば黒ごまです。

ごま汁は、たっぷりとすられた黒ごまが香り高く濃厚な味で、そうめんやひやむぎのつけ汁として親しまれています。めんつゆで食べることは、ほぼなかったそうです。黒ごまと砂糖、味噌、醤油、しそと家庭にあるもので簡単につくれます。ポイントはしそに味噌を塗り、焼いてたたいたものを加えることで、このひと手間で味の深みが大きく変わります。お盆の時期には欠かせません。

どの家庭でもすり鉢は日常に使われており、ごまをするのは子どもの仕事でした。ごまは野菜のごま和えや、このごま汁などで食べることが多かったそうです。ごま汁は水でのばす前の状態で保存することができるので、不意の来客にも対応できました。

協力＝鬼原一雄　著作委員＝中路和子

撮影／高木あつ子

<材料> 4人分

そうめん…400g

つけ汁

- 青じそ…8枚
- 味噌…大さじ2
- 黒ごま（洗い）…大さじ4
- 醤油…大さじ2/3
- 砂糖…大さじ1と1/2
- 水…150〜180mℓ

<つくり方>

1. 青じそ1枚に大さじ1/2程度の味噌を塗り、もう1枚の青じそではさむ。
2. **1**の両面を網または油をひかないフライパンで焼く。しそがパリッとして縮んできた焦げる手前の状態でとり出し、包丁でたたくように刻む。
3. 黒ごまを炒り、よくする。炒りごまを使う際も少し炒り、香りを出すとおいしい。
4. **3**に**2**を加えすり混ぜる。醤油、砂糖を加え、よくなじむまで混ぜる。
5. そうめんをゆでる。**4**に水を加えてのばし、つけ汁にする。好みでみょうが、しそなどを細かく刻み、加えてもよい。

◎すぐ食べないときは4の状態で保存し、食べる直前に水でのばすとよい。

＜材料＞ 4人分

焼きサバ…1尾
そうめん…4束（200g）
だし汁（かつお節と昆布）…1300mℓ
砂糖…大さじ4強（40g）
醤油…140mℓ
酒…大さじ2と2/3（40mℓ）
みりん…大さじ2強（32mℓ）
竹の皮…1枚

＜つくり方＞

1 鍋に湯を沸かしそうめんをゆでる。ゆで上がったらザルに入れて流水でぬめりを洗い流し、水けをきる。
2 別の鍋にだし汁と調味料を入れて沸騰させる。
3 焼きサバの竹串を引き抜き、竹の皮の上におく。竹の皮ごと2の鍋に入れて20分ほど煮る（写真①）。このとき汁にサバのうま味が出るように、サバがしっかり汁に浸るようにする。
4 サバを大皿に盛りつける。
5 鍋に残った汁はザルでこし、サバのかすなどを除いてから汁を鍋に戻し入れる。汁に1のそうめんを加えて火にかけ、色がつくまで煮る。
6 4の皿にそうめんを盛りつける。小皿にサバの身とそうめんをとって食べる。

①

撮影／長野陽一

〈滋賀県〉
焼きさばそうめん

焼きさばを甘じょっぱい調味液で炊き、その旨みを含んだ煮汁でそうめんを煮て合わせた料理です。焼きさばは、かつては福井の若狭湾から運ばれてきたものを購入して使っていました。さばは傷みやすいので、運ばれてくるのは焼きさばか塩さばです。海がない滋賀では海の魚は貴重なものだったのでしょう。湖北に位置する長浜市では、長浜八幡宮の大祭がある4月14、15日頃には必ず串に刺さった焼きさばを買って、炊いたさばを大皿に置き、その周囲に波模様を模したそうめんを配して豪快に盛りつけ、人呼びのごちそうにしていました。香ばしく焼けたさばは脂がほどよく落ちており、身がしっかりしまっていて味も濃厚です。このさばの旨みを吸った甘辛いそうめんは子どもも大人も大好きな味です。

また、5月には、トロ箱で買った焼きさばを娘の嫁ぎ先に「田植え見舞い」として送る習慣もありました。もらった焼きさばは、もう一度火であぶり、串を外して酢をかけ、田植えの繁忙期のおかずにしていました。

協力＝中村紀子　著作委員＝中平真由巳

〈広島県〉
鯛そうめん

瀬戸内海沿岸地域では、地域でとれた新鮮な魚を煮て、その煮汁をそうめんにかけて食べるのが、昔からの夏の定番料理です。普段使うのは、めばるや黒鯛（ちぬ）、すずめ鯛などの小型の魚で、お盆や祭りなどのハレの日の料理には、写真のような大きな鯛でつくります。魚が壊れないようにハランや竹の皮を敷いて強火で短時間で煮上げ、そうめんとともに大皿に盛りつけ、煮汁をかけます。客人には、家の人がそうめんと鯛をとり分けるそうです。

海が近い地御前《じごぜん》では、魚は市場から手押し車を押して家々に売りに来る行商の女性から買いました。家族が大勢集まるときには大きな鯛でつくったりしましたが、鯛はなかなか食べられないごちそうだったそうです。

岡山との県境にある福山市でも、結婚式や上棟式などの祝いごとには鯛めんをつくります。鯛の色は鮮やかに、皮は破れないようにと気をつけながら煮て、そうめんを波に見立てて盛りつけます。

協力＝大原俶子、二木裕子、村上良枝
著作委員＝村田美穂子、木村安美

<材料> 8人分

タイ…1尾（1.2kg）
A
- 水…1カップ
- 酒…1カップ
- みりん…180mℓ
- 醤油…180mℓ
- 砂糖…45g

そうめん…8束（400g）
青ねぎ…適量
青じそ…適量
ハラン（または竹の皮）

<つくり方>

1 タイのウロコ、エラ、内臓をとり、水洗いする。
2 両面に大きく十字に切り目を入れる。火が通りやすくなり、味もしみこみやすくなる。
3 鍋にAを入れて煮立たせ、ハランや竹の皮を敷き、タイをのせて強火で約10分煮る。落とし蓋や蓋はしない。最後に煮汁をタイの表面にかけて色よく仕上げる。
4 そうめんをゆでて冷水で洗う。
5 大皿にそうめんとタイを盛りつけ、刻んだねぎと青じそを添える。煮汁をかけ、タイの身をほぐしながらいただく。

福山の鯛めん

福山では煮たタイを波に見立てたそうめんとともに盛りつける。煮汁はそうめんにかけずに別の器に入れ、煮汁をつけながら食べる。

<つくり方>

1 タイの両面に塩と酒をふる。皮が破れたり身割れしないように、背ビレ部分を中心に竹串で、斜めに10カ所程度刺す（写真①）。

2 鍋底にオーブンシートを敷き、調味液（水1.5カップ、酒大さじ3、みりん大さじ4と1/2、醤油75mℓ）を煮立たせて中火でタイを煮る。初めは蓋をして、大体火が通ったら煮汁をかけながら煮る（写真②）。

3 そうめん束の端を輪ゴムなどでしばり、束ごとゆでる。しばった部分は輪ゴムごと切り落とし、1束を3つに分け、波をつくるように盛りつける（写真③）。波の上にタイをのせ、手前にもそうめんを盛りつける。

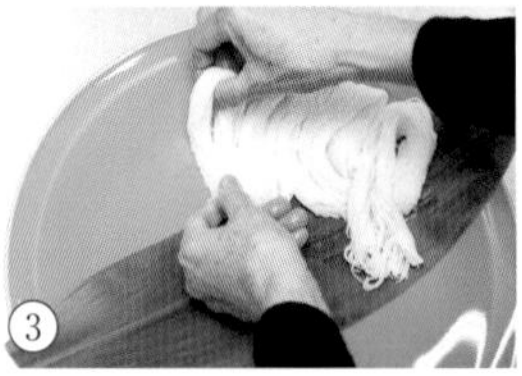

撮影／高木あつ子

〈兵庫県〉

鯛めん

大きな鯛の煮つけと煮汁を吸わせたそうめんとで、鯛の旨みが味わえます。大皿に盛りつけた見た目も華やかなハレの料理です。福《ふく》良《ら》の港が近い南淡路では、祭りやお祝い、とくに結婚式には欠かせませんでした。鯛めんは両家親族の初「対面」をひっかけているともいわれます。

淡路島は、近海に豊富な漁場があり、多種多様な海産物に恵まれた地域です。鳴門海峡で育った鯛は、鳴門でとれると鳴門鯛、淡路島の福良でとれると淡路鯛といわれ、いずれもうず潮の急流で育つので身がしまって甘味があるといわれています。また、福良はそうめんづくりに適した気候風土で、そうめんをつくっている家は江戸時代末期は数軒でしたが、明治の中頃から漁業者の冬場の副業として徐々にさかんになりました。淡路のそうめんは今でも手づくりでコシがあるので、煮汁を吸ってもしっかりしており、冷めてもおいしいのです。このレシピでは鯛は2尾ですが、1尾で調理することが多いそうです。

協力＝平野まさ枝　著作委員＝田中紀子

＜材料＞ 6〜10人分

淡路産のタイ…2尾
そうめん（1年ねかしたもの）
　…4束（200g）
しょうが…50g
だし汁（昆布）、酒、みりん
　…各2カップ
醤油…1カップ、砂糖…大さじ4
にんじん…約20g
しょうが、みょうがのせん切り…適量

＜つくり方＞

1 タイはウロコ、エラ、腹わたをとり、背側に切れ目を入れる。ザルにのせて裏と表に熱湯を回しかける。
2 そうめんはゆでて、水洗いする。
3 大鍋でだし汁と調味料、薄切りのしょうがを煮立てる。2尾が向かい合うようタイの表を決め、表を上にして（写真①）15分煮る。アルミ箔を落とし蓋にし、最初は強火で、ぐらぐらしたら中火に。強火のままだと新鮮なタイほど身がくずれる。
4 タイを大皿に向かい合わせに盛る。
5 残り汁で2のそうめんを軽く3分ほど煮る（写真②）。
6 タイの周りにそうめんをうず潮のように（写真③）盛り、煮汁をかける。型で抜いてゆでたにんじん、しょうが、みょうがをのせる。
7 タイの身をとり、そうめんと一緒に食べる（写真④）。

撮影／高木あつ子

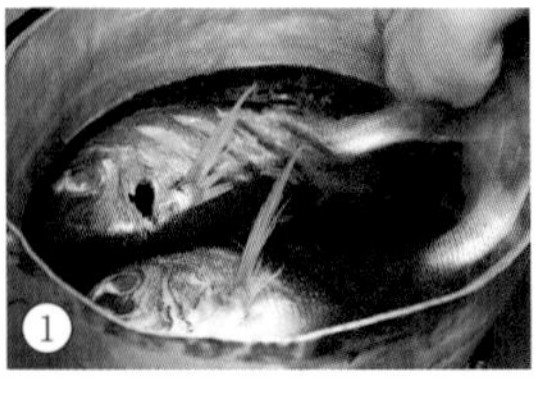

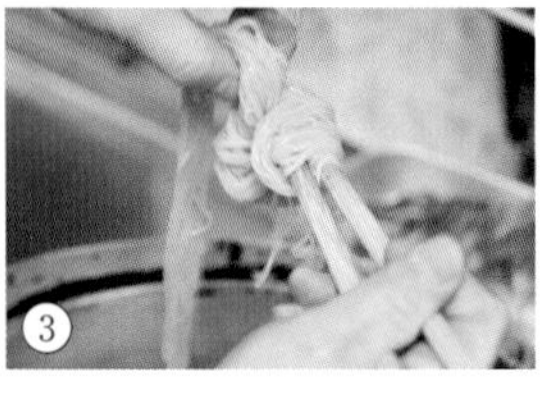

撮影／高木あつ子

＜材料＞ 約10人分

干しエビ…15g
水…2カップ
昆布…5g
醤油…1/2カップ
みりん…1/2カップ
そうめん…適量

＜つくり方＞

1 水に干しエビと昆布を30分くらいつける。
2 1を火にかけて、沸騰する直前に昆布をとり出し、干しエビはさらに5分くらい弱火で煮る。途中アクが出たらとり除く。
3 調味料を加えてひと煮立ちしたら火を止めて冷やす。
4 そうめんをゆでる。
5 3をつけ汁としていただく。干しエビはそのままそうめんの具として食べてもよい。好みで刻んだみょうがや青ねぎを加えてもよい。

◎干し椎茸も加えてだしをとり、戻した椎茸をせん切りにして具にする場合もある。

つけ汁（エビ入り）

〈山口県〉

干しえびのそうめんだし

瀬戸内海では赤えびが多くとれ、沿岸には干しえび（「乾《ほし》えび」とも書く）の加工場が多くあります。とくに山口市、宇部市でさかんで、殻なし干しえびは現在でも特産品です。今ではどこの家庭でも市販のめんつゆでそうめんを食べますが、かつてはそうめんといえばえびだしでした。えびと昆布や干し椎茸の旨みが相まっておいしく、年配の方には懐かしい味です。うどんには煮干しだしを使いますが、そうめんにはえびだしです。

お中元にも使われる干しえびは、決して安価なものではありません。しかし地元では製造元から直接購入することもあったので、えびだしで食べるそうめんは、夏の日常食でした。

干しえびは、そのままでも食べますし、きゅうりなますや冬瓜のあんかけにも入れました。えびのうま味と適度な歯ごたえが加わりおいしいものです。かつてはちらしずしの具にも、煮た干しえびを入れましたが、ゆでむきえびが広まり、料理に干しえびを使う機会が減りました。

協力＝藤野幸子
著作委員＝櫻井菜穂子、五島淑子

〈香川県〉

なすそうめん

なすを油で炒め、いりこだしと砂糖、醤油を加え、油揚げを入れて煮た汁をゆでたそうめんにかけた料理です。なすそうめんがつくられている県中西部は瀬戸内海に面し、南は阿讃《あさん》山脈、平野部は讃岐平野、三豊《みとよ》平野が広がる温暖で雨が少ない地域で、農業もさかんです。家庭でも栽培されている身近ななす、小豆島の手のべそうめん、県西部の伊吹島産のいりこからとっただしと、いずれも地元の産物を使います。とくに食欲のない夏にぴったりで、冷たくして食べてもいいし、たくさんゆでて残ったそうめんを使って温かくしてもおいしいです。そうめんをゆでず乾物のまま汁に入れるつくり方もありますが、今回お話を聞いた方は、そうすると塩味が濃くなるので、そうめんは別にゆでるそうです。

県西部の三豊地区は、なすそうめんには7～10月末に収穫される三豊なすを使います。三豊なすは皮が薄く果肉もやわらかいので、いりこのだし汁がしみこみ、とてもおいしいそうです。

協力＝河野トモ子、鈴木タカ子、山下照子、岡崎一江　著作委員＝次田一代

撮影／高木あつ子

＜材料＞ 4人分

なす…4個（400g）
油…大さじ4強（50g）
油揚げ…1枚（90g）
しょうが…1かけ（16g）
そうめん…4束（200g）
だし汁（いりこ）…700mℓ
うす口醤油…大さじ3
砂糖…大さじ3と1/3（30g）
ごま油…小さじ1
青ねぎ…2本（6g）

＜つくり方＞

1 なすはへたを除き、縦半分に切り、斜めに切り目を入れ、水につける。油揚げは三角形に切る。しょうがはすりおろしてしぼり汁をとる。
2 そうめんはかためにゆでる。
3 フライパンに油を熱し、水けをきったなすを入れて炒める。
4 なすが少ししんなりしたら、油揚げ、だし汁、調味料を加えて煮る。
5 煮えてきたら、しょうが汁とごま油を入れる。
6 ゆでたそうめんの上に、5を盛り、小口切りにしたねぎをのせる。

◎炒めるときに、好みで唐辛子を入れると、ピリッとした味になる。

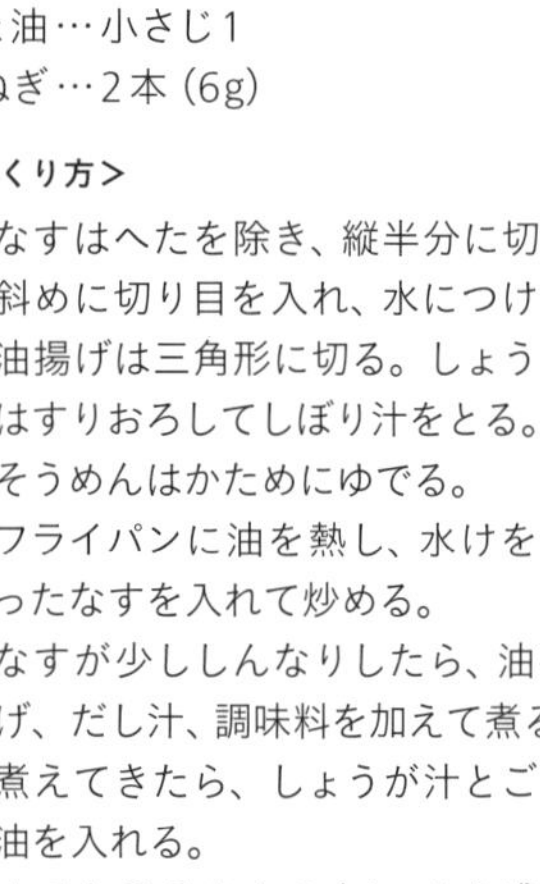

三豊なす。三豊地区で戦前から栽培されてきたなすで、1個が300～400gほどある。皮が薄く、果肉もやわらかい

〈高知県〉
冷たい汁そうめん

高知でそうめんといえば、つけめんではなく、冷たい汁をたっぷりはった器でいただく汁そうめんです。麺の上にはすまき、ねぎをのせるのが定番で、煮たなすや椎茸、錦糸卵を入れるという家庭もあります。だしには小あじやいわしの煮干しを使いますが、かつお節や小さな鯛でだしをとる人もいます。冷たい汁に浸ったそうめんはつるつるとのどごしがよく、見た目も涼やかで暑い夏にうれしい一品です。おろししょうがや刻んだみょうが、ごまを薬味にしたり、最近では鶏ささみを入れることもあり、家ごとにそれぞれの味があります。

そうめんは、不祝儀のお返しやお中元で木箱入りをもらったり、近所の食料品屋でバラで買うこともできました。おきゃく（人寄せ）のときにはよく皿鉢《さわち》料理の一品としても出され、器にとり分けて汁をかけて食べました。皿鉢料理では、ゆでたそうめんの上に、薄味で煮つけた鯛を姿のままのせることもあり、それはごちそうでした。

協力＝池田登子
著作委員＝福留奈美

撮影／長野陽一

＜材料＞ 4人分

そうめん…4束（200g）
【つゆ】約1ℓ
小アジの煮干し*…約30g
水…1.1ℓ
醤油…大さじ1と1/2
塩…小さじ1
【錦糸卵】
卵…2個
塩…ふたつまみ
砂糖…小さじ2
油…適量
【干し椎茸の煮物】
干し椎茸…3枚
椎茸の戻し汁…1カップ
醤油…大さじ1
砂糖…大さじ1

すまき**…1本（70g）
青ねぎ…1本
しょうが…1片
好みで白ごま…適量

*高知では「アジジャコ」や「アジゴ」などと呼ばれている。

**魚のすり身を巻きすで包み、蒸した練り製品。高知ではスーパーなどで販売されている。ちくわで代用できる。

＜つくり方＞

1 小アジの煮干しは大きなものであれば縦に割る。鍋に水と小アジの煮干しを入れ、30分ほどおいてから火にかける。沸騰したら10分ほど煮出してだしをとる。醤油と塩で味をつけ、冷やす。
2 干し椎茸を戻し、戻し汁と調味料で汁けがなくなるまで煮含める。冷めたら薄切りにする。
3 錦糸卵をつくる。
4 すまきを薄切りに、しょうがはすりおろし、ねぎは小口に切る。
5 そうめんをゆでて、冷水でしめる。
6 ガラスのそうめん鉢にそうめんと錦糸卵、椎茸の煮物、すまきを盛り、1の汁をはる。ねぎ、しょうが、好みでごまを添える。

〈佐賀県〉地獄そうめん

そうめんをゆでた汁をそのまま味噌味にして食べます。県西部の焼き物の町・有田で、忙しいときや小腹がすいたとき、米が足りないときなどに、つくられました。簡単なので、これだけで夜食や昼食とすることもよくありました。どこの家でも、お中元や供養の返礼品でいただいたそうめんがあったそうです。野菜はその季節の彩りがよいものを入れればよいので、一年中いつでもできます。隣接する武雄《たけお》市（旧山内町）や東部寄りの佐賀市や神埼《かんざき》市でも同様な食べ方をしたそうです。

「地獄そうめん」と呼ぶのは、汁がグツグツと煮えて、地獄の釜のように見えるからだといいます。昔のそうめんは最近のものよりも太くて今よりも油けが多かったため、とろみのつき方が強く、ボコボコと沸いたそうです。

とろみのついた汁には力強いいりこだしがよく合います。そうめんに塩分が含まれるので、味噌は少なめにします。味をみながら調整してください。

協力＝米原喬子、原口恭子
著作委員＝西岡征子、萱島知子、橋本由美子

撮影／戸倉江里

＜材料＞ 4人分

そうめん…4束（200g）
味噌（好みのもの）…大さじ1と2/3
にら…4本（20g）
だし汁（いりこ）*…6カップ
*水6.5カップにいりこ40gでとっただし。

＜つくり方＞

1 だし汁を火にかける。沸いてきたら、そうめんを回し入れ、かためにゆでる。
2 1の鍋に味噌を溶き入れ（写真①）、2cm程度の長さに切ったにらを散らす（写真②）。ひと煮立ちしたらできあがり。

◎好みで赤ゆずこしょう（赤唐辛子とゆずでつくる）を入れると味が引きしまり、香りもよく食欲をそそる。

①

②

撮影／長野陽一

＜材料＞ 5〜6人分

そうめん…6束（300g）
にら…1/3束（30g）
煮干し（キビナゴ）…30g
油…大さじ6
うす口醤油…大さじ3
湯…1カップ

＜つくり方＞

1 にらを約3cm長さに切る。
2 そうめんは一度にゆでることができるように、束をといてバットに入れておく。
3 鍋に湯を沸騰させ、強火のまま、そうめんを一度に手際よくパラパラと入れ、箸でほぐしてかき混ぜる。再び沸騰したら火を止めてザルにあげ、流水でもみ洗いしてぬめりをとる。手早くザルにあげて水けをきる。
4 鍋に油を入れて火にかけ、煮干しをカリカリに炒める。
5 にらを半分加え、分量の湯と醤油を加えてひと煮立ちさせ、だし汁をつくる。3のそうめんを入れ、残りのにらを加えてさっと炒め合わせ、色よく仕上げる。

◎煮干しはカリカリに炒めてからだしをとると、生臭みがなく香ばしく仕上がる。

〈鹿児島県〉

油ぞうめん

　奄美の代表的な家庭料理で、派手ではありませんが、いつも身近にある母の味といえるような料理です。本土のだし汁で食べるそうめん料理とも、沖縄の油で炒めるソーミンタシヤーとも異なり、奄美では油とだし汁を使います。本土のだし文化と沖縄の油炒め文化との中間に位置する奄美の食文化をよく表しています。

　材料は地域ごとに特徴があり、大島北部は煮干しとにらで、南部は塩豚とにらが多く、徳之島では豚肉や卵、ゴーヤ、キャベツを入れる地域もあります。

　奄美ではそうめんはつくられていません。薩摩藩時代に入ってきたといわれています。現在は味噌汁や鶏汁《とうりんしる》（鶏のスープにゆでたそうめんと、アオサをのせたもの）にも入れたりして食べますが、かつては行事のときの食べものでした。油ぞうめんは稲刈り後の八月踊りのときに大量につくって、家々を回ってくる踊り手や集落の方々をもてなしたり、葬式のときにもつくっておいて大勢の弔問客にふるまいました。

著作委員＝久留ひろみ

〈沖縄県〉

ソーミンタシャー

ソーミンはそうめん、タシャーは油炒めの意味で、そうめんをさらりと炒めた料理です。あとから炒めるので、そうめんはかためにゆでておきます。ソーミンプットゥルーと呼ぶ場合もありますが、プットゥルーとは歯ごたえのない状態のことで、タシャーよりも水分が多く、やわらかい仕上がりのものです。最近ではどちらもソーミンチャンプルーと呼ぶことが多くなっています。チャンプルーは本来、豆腐と野菜が入った炒めものを指しますが、単に炒めものの意味でも使われています。

そうめんは沖縄では身近な食材で、昔からどこの小さな店でもそうめんはたいてい置いてあったそうです。自分で買うこともありますが、お中元やお歳暮でもらうことも多いです。家庭に常備されていることが多く、汁ものや冷やしそうめんとしても食べられます。ソーミンタシャーは好みでいろいろな野菜を入れて簡単な昼食や間食として、また、酒の肴としても人気の一品となっています。

協力＝森山尚子、大嶺桂子、大嶺文子
著作委員＝大城まみ、森山克子、田原美和

撮影／長野陽一

＜材料＞4人分

そうめん…200g
油…大さじ1弱（10g）
ツナ缶（オイル漬）…70g
キャベツ…2〜3枚（200g）
にんじん…1/4本（40g）
にら…2本（10g）
塩…小さじ1/4

＜つくり方＞

1 たっぷりの熱湯にそうめんをほぐし入れて、ややかためにゆでる。ザルにとって水けをきる。
2 キャベツはざく切り、にんじんはせん切り、にらは3cmほどに切る。
3 鍋に油を熱し、にんじん、キャベツ、ツナ、にらの順に炒めて塩で味をつける。
4 3に1を加えて箸でほぐすようにしながら強火で手早く炒める。全体によく混ざったらできあがり。

◎ツナ缶の油は使用してうま味を出す。

すいとん・だんご汁

ここでは小麦粉と水で練った生地を丸めたりつまんだりした、すいとんやだんご汁を集めました。麺よりも手軽にでき、たっぷり具の入った汁に直接入れて煮るので、これだけで簡単な一食になりました。地域や家庭により、生地ののばし方やかたさの違いが見られます。

〈岩手県〉

かにばっと

小麦粉生地を薄くのばしてゆで上げたものを、はっとと呼びます。かにばっとは、モクズガニという淡水に生息する食用がにを殻ごとつぶしてだし汁をつくり、はっとを入れる料理で、かにの濃厚な味と香りがおいしい一品です。かにが産卵を迎える夏から晩秋にかけて、一関市川崎町周辺の北上川で捕獲されます。30〜40年前は一晩で400杯ほどとれたそうです。

大きなはさみではさまれると強烈に痛いことと、おいしいだし汁をとるためには生きているモクズガニを使うとよいので、生きたままはさみと脚をもぎとり、石臼でつぶして煮つめます。だし汁が濃厚なので、かにばっとに入れる野菜は乱切りです。薄切りだと味がしみこみすぎるので、ほどほどの厚さに切るのです。

かにばっとは川崎町独特のもので、隣町から嫁いだ人は見たことも食べたこともなかったそうですが、結婚後に近所のかにとり名人や舅姑につくり方を教わり、今は若い人たちにこの味を伝えています。

協力＝千葉秀子、千葉庄平
著作委員＝髙橋秀子

＜材料＞4人分

【カニのだし汁】
モクズカニ…1〜2杯
水…2ℓ程度
【かにばっと】
小麦粉（中力粉）…240g
水…100mℓ程度
大根…小1/3本（300g）
にんじん…大1/4本（100g）
カニのだし汁…4カップ
醤油…大さじ2
塩…小さじ1/2
酒…大さじ2
長ねぎ…80g

モクズガニは、藻がついたようにはさみが大きくなる。はさまれるととても痛いので、分厚いゴム手袋などをしてつかまえる

＜つくり方＞

【カニのだしをとる】

1 分厚いゴム手袋などをしてカニをつかまえ、はさみを手でもぎとり、脚をとって、はさみ、脚、体をタワシできれいに洗う。
2 甲羅を身からはがすと甲羅の内側の真ん中に黒い三角形のものがある。これは苦味のもとなのでとり除く。身側にある黒い長い管もとり除く。カニみそや卵は別容器にとり分ける。
3 はさみ、脚、甲羅、身を石臼に入れ、細かくなるまでたたきつぶす。
4 **3**を水とともに鍋に入れ、蓋をしないで弱火で3時間ほど煮る。殻などが沈んだら上澄みをだし汁として使う。

◎カニをたたきつぶした状態で冷凍できる。冷凍のまま水に入れて加熱し、だしをとる。

【かにばっとをつくる】

1 小麦粉に水を入れてよくこね、耳たぶくらいのかたさにする。ぬれ布巾やラップでおおって2時間以上ねかせる。
2 手に多少の水をつけて、親指のつけ根で**1**を薄くのばしながらちぎり、沸騰した湯でゆでる（写真①）。生地の色が変わり、浮かんで動くようになったらザルにあげる。これがはっと。
3 大根とにんじんはやや薄めの乱切りにする。
4 鍋にカニのだし汁と**3**を入れて加熱し、野菜がやわらかくなったら、ゆでておいたはっとを入れる。
5 **2**の調味料を加えて味を調える。とり分けておいたカニみそと卵を入れて1分間火を通し、斜め切りしたねぎを入れる。

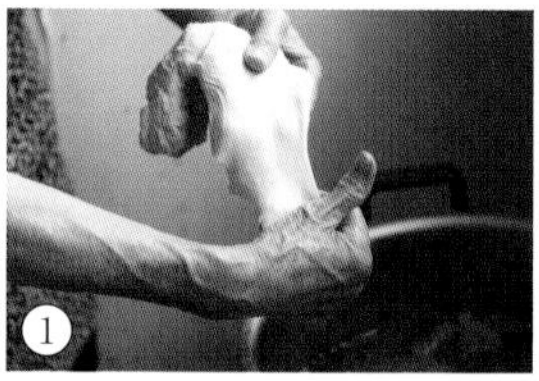

撮影／奥山淳志

〈岩手県〉

じゅうねばっと

岩手県南は米どころですが、かつては小麦の栽培もみられ、小麦粉生地を薄くのばしたはっとが食べられてきました。名前の由来は、おいしくて農民が小麦づくりに精を出し、米づくりがおろそかになると案じた領主が禁じた（法度《はっと》した）からといわれたり、ほうとうが転じたとの説もあります。

一関市周辺の県南部でははっとと呼びますが、奥州市や宮古市ではすいとんともいい、北上市、花巻市、盛岡市周辺ではひっつみです。ひっつみは引きちぎって入れることから、こう呼ばれるようです。

はっとは野菜がとれたときなど、食べたいときに食べるもので、じゅうね（えごま）の他に小豆あん、ずんだ、かぼちゃあんなどがあり、野菜と肉を煮た汁にはっとを入れたはっと汁もよく食べられます。また、生地を麺状に切ったはっとうというものもあります。県北の葛巻町にはゆであげて汁をかけるひぼがはっとう、宮古市や久慈市など沿岸部には小豆汁に入れる小豆ばっとうがあります。

協力＝千葉秀子、高家章子
著作委員＝高橋秀子、魚住恵

＜材料＞ 4人分

小麦粉（中力粉）…200g
水…100mℓ程度

- えごま…40g
- 砂糖…大さじ2強（20g）
- 塩…小さじ1/3
- 醤油…小さじ1
- 水…大さじ2

県南の小豆ばっと。小豆と砂糖は貴重なので、こしあんではなく粒あんにする

葛巻のひぽがはっとう。「ひぽが」は、ひもかわ（きしめん）の意味

撮影／奥山淳志

＜つくり方＞

1 小麦粉に水を入れてよくこね、耳たぶくらいのかたさにする。ぬれ布巾やラップでおおって2時間以上ねかせる。

2 手に多少の水をつけて、親指のつけ根で薄くのばしてちぎり、沸騰した湯でゆでる。浮き上がったらザルにあげる。

3 えごまはフライパンでから炒りし、少し香ばしくなったらとり出す。

4 すり鉢ですり、砂糖、塩、醤油、水を入れてさらによくすり混ぜ、2を入れてからめる。

〈宮城県〉
汁はっと

　手で薄くのばした小麦粉の生地「はっと」を具だくさんの汁に入れた県北の料理で、「つゆはっと」「はっと汁」とも呼ばれます。県北の仙北地域や大崎地域は米どころですが、かつては伊達藩による「買米制度」（年貢米以外の余剰米を安値で強制的に買い上げる制度）により、米農家でも麦飯や小麦粉を使った料理をよく食べていました。

　汁ものと主食を兼ねた汁はっともその一つで、ご飯が足りないときによくつくりました。うどんと違い、麺棒やのし板、包丁などの道具を使わずつくれる手軽さが特徴です。また、はっとは向こうが透けるほど薄くのばすのが大切で、かつては女性の得意技でもありました。口に入れるとするっとしたのどごしで噛むとしっかりとした弾力があります。汁はっとの中に入れる具は野菜や山菜、きのこ、いもなど季節によりさまざまです。小麦粉のグルテンを練って揚げた油麩《あぶらふ》を入れると肉や魚を入れなくてもコクが出て子どもたちも喜ぶ味になります。

協力＝佐藤律子、渡邊てる子、増子裕子
著作委員＝野田奈津実、和泉眞喜子

撮影／高木あつ子

＜材料＞5人分

小麦粉…200g
水…1/2カップ
油麩…1本
ごぼう…1/2本（100g）
にんじん…1/2本（80g）
しめじ…1株（100g）
干し椎茸…3枚
長ねぎ…10cm（20g）
だし汁（昆布とかつお節）＋椎茸の戻し汁…1.6ℓ
醤油…大さじ5
酒…大さじ2
みりん…大さじ1と1/2

＜つくり方＞

1　小麦粉に分量の水を少しずつ加えて混ぜ、ひとまとまりになったら耳たぶくらいのやわらかさになるまでこねる。ぬれ布巾をかけて30分〜2時間ほどねかせる。
2　油麩は1cm厚さの輪切りにし、10分ほど水で戻す。ごぼうはささがきにし、水にさらす。にんじんはいちょう切り、しめじはほぐす。干し椎茸は水で戻し、薄切りにする。ねぎは斜め薄切りにする。
3　鍋にだし汁と、椎茸の戻し汁、かたくしぼって水けをきった油麩、ごぼう、にんじん、しめじ、椎茸を入れ、加熱する。油麩は水けが残っていると味がしみこみにくくなるのでしっかりしぼる。汁にコクを出したい場合は油麩は水で戻さず直接入れるとよい。
4　沸騰したらねぎを入れ、1の生地を手で引っぱりながら向こう側が透けるくらいまで薄くのばし（写真①）、ひと口大にちぎって鍋に入れていく。
5　はっとが浮いてきたら、調味料を入れて味を調える。ひと煮立ちしたら火を止める。

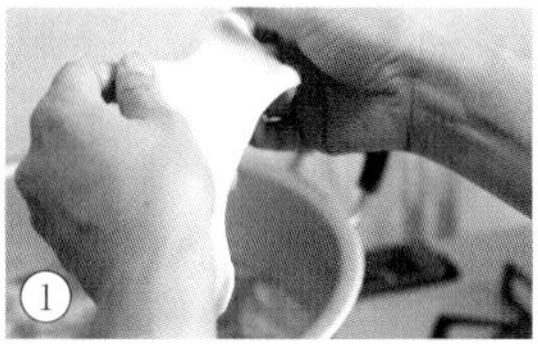

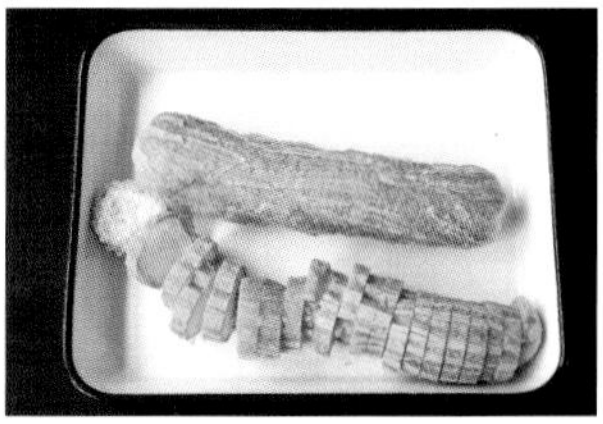

登米（とめ）市特産の油麩。お盆などの仏事にもよく使われる

〈栃木県〉

法度汁《はっとじる》

法度汁とはすいとんのことです。県内全域で食べられ、地域により「はっとう汁」「だんご汁」「とっちゃなぎもち」などとよばれます。「とっちゃなぎもち」は、生地を手でつまんで落とす（とっては投げる）ことからの呼び方です。「法度」はおいしくて食べすぎるので「ご法度」になったという説もあります。

かつては米を節約するためにご飯は麦飯にし、うどんをよくつくりましたが、うどんを打つのには時間がかかります。法度汁はこねたらすぐにつまんでそのまま汁に落としてできることから、時間がないときによくつくりました。米粉でつくることもありますが、米粉は熱湯でこね、力もいるので、小麦粉の方がより手軽で誰でもつくれます。味つけは醤油味も味噌味もあります。季節の野菜をたっぷり入れて折々につくってきました。

だんごは丸めるよりも、ちぎった形の方が火の通りもいいので、子どもも簡単につくれます。昔から法度汁づくりは家族で楽しくやってきました。

協力＝藤生惠子、湯澤敏子、中山陽加
著作委員＝名倉秀子、藤田睦

＜材料＞ 4人分

大根…約5㎝（160g）
にんじん…1/5本（30g）
里芋…2個（80g）
椎茸…2枚（30g）
ごぼう…1/2本（80g）
豚薄切り肉…80g
醤油…大さじ3と1/3
水…5カップ
だんご
- 小麦粉（地粉または薄力粉）…200g
- 水…150㎖
- 塩…2つまみ

＜つくり方＞

1 大根、にんじんはいちょう切り、里芋は0.5～1㎝の厚さの輪切りとする。椎茸は3～4等分に切り、ごぼうは斜め薄切りにする。
2 豚肉は、ひと口大に切る。
3 鍋に水を沸騰させ、野菜類と肉を入れて煮る。アクをとる。
4 ボウルに水と塩を混ぜ合わせ、小麦粉を加えてよく混ぜる。だんごのかたさよりややゆるめで、生地が手につくくらいにまとめる（写真①）。
5 3の汁の具が煮えたら醤油を加えて味をつけ、手で4の生地を大さじ1杯（15g）くらいずつちぎりとり、鍋に入れる（写真②～④）。だんごが浮いたらできあがり。あれば彩りで青菜を加えてもよい。

撮影／五十嵐公

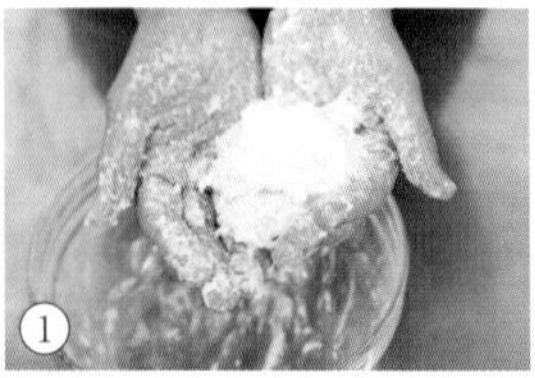

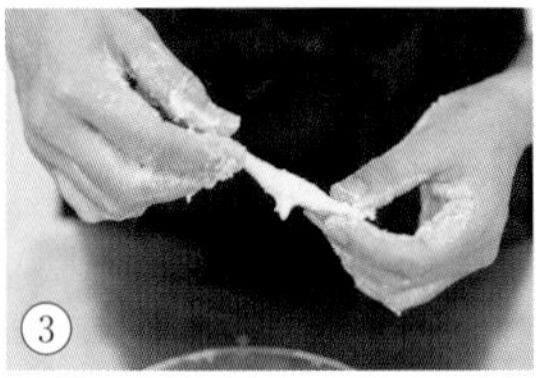

撮影／高木あつ子

〈群馬県〉

おつみっこ

いわゆるすいとんで、醤油味の汁を煮立て、こねた小麦粉を小さくちぎって入れます。つみっこ（片《かた》品《しな》）、つめりっこ（邑楽《おうら》）、おつゆだんご（吾妻《あがつま》）、ねじっこ（赤城山《あかぎやま》南麓）、だんご汁（沼田）といろいろな名前で呼ばれており、手早くつくれて野菜がたっぷりとれるので、農家では夕食に季節の野菜を入れてつくられてきました。

片品村では重曹を入れるのでだんごはやわらかく、しゃくし菜を入れます。秋に収穫するしゃくし菜は、県内では多くは漬物で食べますが、豪雪地帯のこの地域では野菜が不足する冬に備え、ゆでてから干して、保存します。使うときは煮て戻し、油で炒めてからおつみっこの汁の具や煮物にすると、だし汁を使わなくてもおいしいうま味がでるのです。しゃくし菜を入れたおつみっこは甘味ととろみ、独特の風味があり、村を離れた人がお客に来たときなどにつくると、「はげしいうめえなぁ」（とてもおいしいね）と昔を懐かしんで喜ばれるそうです。

協力＝星野秀子　著作委員＝渡邉靜

＜材料＞ 4人分

- 地粉（中力粉）…250g
- 重曹…小さじ1/2
- 水…230mℓ

干したしゃくし菜を戻したもの…200g
油…大さじ1
水…8カップ
じゃがいも…小4個（300g）
にんじん…80g
大根…200g
醤油…大さじ4

さっとゆでてから干したしゃくし菜。戻すときは、水洗い後に熱湯に入れてかために煮て、流水で洗う

＜つくり方＞

1. 戻したしゃくし菜は軽くしぼる（写真①）。4cm長さに切る。
2. じゃがいもは4等分、にんじんはいちょう切り、大根はせん切りにする。
3. 鍋に油を熱し、1のしゃくし菜をさっと炒めて水を加える。
4. 2の野菜を加え、やわらかくなったら醤油で調味する。
5. ボウルに粉と重曹を合わせ、水を少しずつ加えながら耳たぶくらいのやわらかさにこね、ひと口大にちぎる（写真②）。
6. 煮立った4の鍋に、5を入れる。だんごに火が通ったらできあがり。

①

②

かぼちゃのだんご汁

〈福岡県〉

大分との県境にある豊前《ぶぜん》地域では、夏から秋のかぼちゃがとれる時期になると、かぼちゃのだんご汁をつくります。基本の材料はかぼちゃ、いりこ、小麦粉の3つですが、塩味だったり味噌味だったり、かぼちゃの切り方や煮くずし加減、加える材料など、各家庭の母の味があります。山国川《やまくにがわ》をはさみ、大分県の中津周辺の伝承の味でもあります。

今は西洋かぼちゃを使うことが多いですが、昔は三毛門《みけかど》かぼちゃをトロトロに煮てつくりました。三毛門かぼちゃは果皮が黄色くてごつごつした形の日本かぼちゃで、日本最古の品種といわれています。そもそも日本かぼちゃは16世紀半ばに豊後国《ぶんごのくに》(現在の大分県)に漂着したポルトガル船によって日本に伝えられました。これが豊前市の三毛門地区に根づき、戦中戦後の食糧難の時代には保存のきく三毛門かぼちゃは地域の人々の命の食となりました。生産者が大きく減少している現在は、品種の保存活動が行なわれています。

協力＝萩原郁子、向野初子
著作委員＝三成由美

撮影／長野陽一

＜材料＞ 4人分

- 小麦粉（薄力粉）…200g
- 塩…1g
- 水…100mℓ

かぼちゃ…600g
椎茸…2枚（30g）
水…1.2ℓ
いりこ…20g
砂糖…大さじ1強（10g）
塩…小さじ1/3（2g）
　または合わせ味噌20g
青ねぎ…適量

◎かぼちゃをメインの味とするので、塩や味噌は隠し味程度にする。

＜つくり方＞

1. 薄力粉に塩と水を入れて練り、30分おく。
2. かぼちゃは種とワタを除き、2×3cmのひと口大に切る。椎茸は2～4等分する。
3. 鍋に分量の水と、頭と内臓をとり手で2、3等分したいりこを入れて15分煮る。2を加えて10分煮る。
4. 1を親指と人さし指で平たくちぎり、3に入れる（写真①）。
5. だんごに火が通り浮いてきたら、砂糖と、塩または味噌を加える。器に盛り、小口切りにしたねぎを散らす。

〈佐賀県〉

だご汁

小麦粉を使った日常食で、米の代用としてご飯が足りないときにつくります。「つん切りだご汁」ともいいます。煮干しでだしをとり、皮くじらと醤油で味をつけ、その中に小麦粉を水でこねたものを適当に手でつん切り（ちぎり）ながら、季節の野菜と煮て食べます。

旧山内町（現武《たけ》雄《お》市）は県西南部の山間の農山村で、段々畑が多く機械が入らないため、人力での農作業が多く苦労したといいます。田んぼは少なく米は貴重品で、小麦をよく利用しました。皮くじらは少量入れるだけで濃いうま味と脂けが加わり、かぼちゃの甘味と合わさり食べごたえが増します。かつては砂糖やみりんは貴重だったため、甘味はかぼちゃや玉ねぎなど野菜の味を生かしました。

昭和初期の記録には、野菜は入れないだご汁（有明海沿岸）や、野菜に小豆も加えるだご汁（佐賀平野部）も見られます。現在では、ゆでて潰した里芋を小麦粉に混ぜて、やわらかく食べやすいだごをつくる場合もあります。

協力＝稲田則子、松尾宣子、杉原美津江、永田むつ子　著作委員＝西岡征子

撮影／戸倉江里

＜材料＞ 4人分

- 小麦粉（中力粉）…200g
- 水…200mℓ
- ごぼう…40g
- 冬瓜…120g
- かぼちゃ…80g
- にんじん…40g
- 長ねぎ…20g
- 皮くじら（塩漬け）…80g
- だし汁（煮干し）…4カップ
- 醤油…大さじ1と1/2
- 塩…適量

＜つくり方＞

1. ごぼうはささがき、冬瓜とかぼちゃはひと口大、にんじんはいちょう切り、ねぎは小口切りにする。
2. 皮くじらは薄切りにして、熱湯をさっとかけ、塩分と脂分を除く。
3. 小麦粉に水を少しずつ加えながら、耳たぶくらいのかたさになるまでこね、まとめる。
4. だし汁にねぎ以外の1の材料と皮くじらを入れ、静かに沸騰させながら煮る。醤油で味をつける。
5. 4に3のだご生地をひと口大にちぎりながら入れ（写真①、②）、さらに加熱する。
6. だごが浮いてきたら塩で味を調える。
7. 器によそい、ねぎを散らす。

〈大分県〉

だんご汁

味噌汁にだんごを加えた、大分の代表的な料理です。だんごというと球状のものを想像しますが、これは地粉に水を加えてこね、手で長細く平たくのばした麺状のものです。大分市でつくられている長い手延べ麺「ほうちょう（p70）」がより簡易なだんごへと変化したという説があります。

だんごがたっぷり入れば主食となり、少なくすれば汁ものとしても食べられます。だんごはこねてからしばらくねかせるので、のどごしがよく、ゆでずにそのまま汁に入れているので汁にとろみが出るのが特徴です。忙しいときに手早くつくれて、季節ごとに家にある食材を何でも具材として入れられたので重宝する料理でした。

玖珠《くす》地方では、産後のお母さんに出すだんご汁のだんごは子どもが円満に育つようにと願いをこめて丸くしています。また、乳の出がよくなるようにと地粉の代わりに米粉を使ってだんごをつくり、血をきれいにするといわれるずいきを必ず入れるそうです。

協力＝宇都宮公子、吉良ヒサエ
著作委員＝西澤千恵子

撮影／戸倉江里

＜材料＞ 4人分

地粉（中力粉）…150g
塩…少々
水…70〜80mℓ
ごぼう…1/2本（80g）
干し椎茸…4枚（8〜20g）
里芋…中3個（120g）
にんじん…1/4本（40g）
白菜…5枚
油揚げ（8cm角のもの）…1枚
さやえんどう…8枚
椎茸の戻し汁＋だし汁（いりこ）…6カップ
味噌（好みのもの）…大さじ3と1/3（60g）

＜つくり方＞

1. 地粉に塩と水を加えて耳たぶくらいのかたさにしてからこねる。1つが親指大のかたまりになるようちぎって形を整え（写真①）、きつくしぼったぬれ布巾に並べ、ぬれ布巾をかけて15分以上ねかせる。
2. ごぼうはささがきにし、水にさらす。干し椎茸は水で戻し、適当な大きさに切る。里芋は大きめに切り、塩をしてぬめりを除く。にんじんは食べやすい大きさに切る。油揚げは短冊切り、白菜はざく切りにする。
3. 椎茸の戻し汁とだし汁を火にかけ、**2**の煮えにくい材料から入れる。
4. 材料に火が通ったら**1**の生地の両端を持ち、手を上下にふりながらできるだけ長くのばし、平たいひも状のだんごにして（写真②）**3**の汁に入れていく。
5. だんごに火が通ったら味噌を加えてひと煮立ちさせ、椀に盛る。ゆでたさやえんどうを上にのせる。

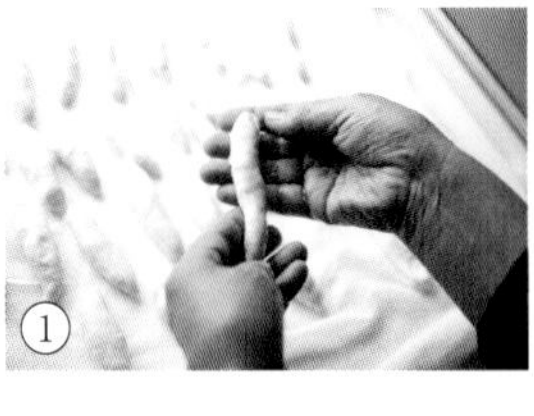

撮影／戸倉江里

＜材料＞ 5人分

- 小麦粉（中力粉）…350g
- 水…160mℓ
- 打ち粉（小麦粉）…適量

干し椎茸…3枚
油揚げ…1枚
鶏肉…100g
大根…1/4本（250g）
にんじん…1/5本（20g）
ごぼう…1/6本（20g）
里芋…3個（250g）
水＋椎茸の戻し汁…1500mℓ
米味噌と麦味噌の合わせ味噌
　…大さじ6〜8
青ねぎ…適量
好みで柚子こしょう…適量

＜つくり方＞

1 だごの生地をつくる。小麦粉に水を加えてよくこね、まとまったらぬれ布巾をかけて30分ほどおく。
2 椎茸は水で戻してせん切りに、揚げは細切りにする。鶏肉は1cm角に切り、大根とにんじんはいちょう切り、ごぼうはささがき、里芋はひと口大に切る。
3 鍋に水と椎茸の戻し汁を入れ、椎茸と揚げを加えて火にかける。
4 沸騰して2〜3分たったら鶏肉、大根、にんじん、ごぼうを加え、さらに2〜3分後に里芋を加える。
5 **1**のだごの生地を打ち粉をした台にのせる。生地の上にも打ち粉をし、厚さ3mmほどに麺棒で薄くのばす。包丁で幅1cm、長さ15〜20cmになるように切る（写真①）。
6 すべての具材が煮えたら味噌を入れ、ひと煮立ちしたら**5**のだごを加える。
7 だごが浮き上がってきたらさらに1〜2分煮こむ。
8 器に盛り、小口切りにしたねぎを散らす。好みで柚子こしょうを加えて食べてもよい。

〈熊本県〉

だご汁

熊本県では小麦粉や米粉を水と練って加熱したものをだごと呼びます。だご汁は野菜を入れた汁に小麦粉の生地のだごを落とし入れたもので、県内全域で広く愛されている料理です。普段はいりこだしで、特別なときは鶏肉を入れてつくりました。

米が貴重だった時代はご飯代わりに毎日食べていましたが、味噌や醤油で味を変えたり、季節ごとに具材が変わったのであきることはなかったといいます。たっぷりと入れた季節の野菜、干し椎茸やいりこ、鶏肉などの旨みとコクが溶け込んだ汁にだごがからんで1杯でも十分満足できます。

だごの形は細長く切ったものや丸めてつぶしたもの、手でのばしたものなど地域によってさまざまです。のしてから切ると火の通りがよく、なめらかな口当たりで、汁と一緒にずるっと食べやすくなります。ちぎって丸めてからつぶしたり、ちぎった生地を10cmほどに手でのばしただごは味がしみやすく、厚みがあるのでしっかりした食感になります。

協力＝石田敏代　著作委員＝原田香

その他の麺・粉もの

たかきびやとうもろこしなどの雑穀、さつまいもや長芋でつくる麺やだんごは、その土地でとれるものを無駄なく利用しようとした人々の工夫から生まれた独特のおいしさです。その他、家庭でも外食でも親しまれている粉ものや麺料理もとり上げます。

〈青森県〉

長芋入りすいとん

南部地方では、野菜、鶏肉、きのこなど具だくさんの汁と一緒に煮こんだすいとんが年中食べられています。「とって投げ」ともいわれ、人寄せのときは必ずつくられます。普通のすいとんは、小麦粉をこねて薄くのばしたものですが、東北町には長芋とかたくり粉を使ったすいとんがあります。

上北郡の中央部に位置する東北町は、初夏に太平洋側から吹くヤマセの影響で、米が育ちにくく、畑作が中心です。昔は小麦、雑穀、大豆、じゃがいもなどがつくられていましたが、昭和30年代に、そのヤマセがもたらす日中の寒暖差や、地元の土・黒ボク土が根菜類の栽培に適していることから、長芋の栽培が推奨されました。その後、栽培面積が広がり、現在の生産量は国内トップです。長芋を使ったすいとんはつるつるとしたのどごしが好まれ、とくに寒い季節によく食べられます。すいとんを汁に入れず、おしるこやごまだれ、きな粉和えなど、おやつにもできます。

協力＝江差家りつ子
著作委員＝真野由紀子

撮影／五十嵐公

<材料> 10人分

- 長芋…250g
- かたくり粉…110g
- 小麦粉（薄力粉）…50g
- 塩…少々
- 鶏もも肉…200g
- 酒…大さじ1、塩…小さじ1/5
- ごぼう…1本（200g）
- にんじん…3/4本（100g）
- しめじ…100g
- 長ねぎ…2本（200g）
- だし汁（昆布とかつお節）…1500mℓ
- 醤油…大さじ6、酒…大さじ4
- 塩…小さじ2/3

<つくり方>

1. 長芋は皮をむきざく切りにして蒸し、熱いうちに裏ごして冷ます。
2. ボウルに混ぜた粉と塩、1の長芋を入れ、長芋が均等になるよう手で混ぜ合わせる。
3. 2を耳たぶくらいのやわらかさにこねる。長芋により水分量が異なるので粉は最初少なめに入れかたさを調整する。2等分して棒状にする。
4. 湯を沸かす。生地をひと口大（1個約10g・直径3cm）にちぎり、平らにしてゆでる。浮き上がってきたらザルにとる。冷水にさらしサッと洗い、水をきる。
5. 鶏肉はひと口大に切り、酒煎りし軽く塩をふる。ごぼう、にんじんはささがき、しめじは小房に分け、ねぎは斜め切りにする。
6. 鍋にだし汁、ねぎ以外の5を入れて煮る。アクは丁寧に除く。
7. 野菜が煮えたら酒、醤油、塩で味を調え、4のすいとんとねぎを入れ、ひと煮立ちさせる。

◎すいとんはゆでずに直接汁に入れてもよい。

〈岡山県〉

たかきび だんご汁

高梁《たかはし》市などの県中部から北部にかけては、寒冷な気候で昔は米が十分にとれず、小麦もつくられておらず、雑穀類を栽培して主食の補いとしました。たかきび粉のだんごは、小麦粉のだんごよりもつるっとした口ざわりがとてもおいしいものです。

この汁は保存のきく根菜類とたかきび粉で簡単にでき、だんごのピンク色がかった彩りも食欲をそそります。とり合わせる材料は、きのこやいもなどなんでもよく、晩秋から冬にかけての具だくさんで素朴な家庭料理です。現在では米も品種改良や圃場《ほじょう》の整備が進みよくとれるようになり、たかきびを食べる機会は減りましたが、ミネラル分を多く含むなど、健康面から改めて注目されている食材です。

このあたりでは南部に比べると雑穀や山菜をよく利用し、魚は川魚を串刺しにして干し、冬まで使いました。たかきびだんごは、きな粉やあんと一緒に食べるおやつにもなり、子どもにとってはひと手間かけたおいしいおやつでした。

協力＝片山由子、竹内ひとみ、武鑓純子
著作委員＝青木三恵子

撮影／長野陽一

<材料>4人分

たかきび粉*…100g
水…70mℓ
大根…80g
にんじん…50g
ごぼう…40g
豚薄切り肉…50g
青ねぎ…20g
だし汁（昆布とかつお節）…4カップ
醤油…大さじ1

*イネ科。標準和名はモロコシ。他にコーリャン、ソルガムなどとも呼ばれる。原産地のアフリカでは粉をクスクスやだんご、粥などにする。日本では粉のだんご、ついたもちなどにしてきた。

<つくり方>

1 たかきび粉に水を加えて練り、ひと口大のだんごに丸める。
2 根菜類はひと口大にいちょう切り、または乱切りにする。肉は3cm幅に切る。
3 だし汁に、2の野菜と肉を入れて煮る。やわらかくなったら、たかきびだんごを入れ、だんごが浮いてくるまで火を通す。
4 最後にぶつ切り、または小口切りにしたねぎを加える。
5 火を止めて、醤油を加え混ぜる。

〈熊本県〉

せんだご汁

具だくさんの汁に「せんだご」を入れた天草の郷土料理です。せんだごとは、ゆでたさつまいもにさつまいもでんぷん（せん）を加えてこねたもの。畑作中心で水田が少ない天草では、昔からさつまいもは主食やおかず、おやつなどさまざまな料理に使われてきました。せんだご汁もそのひとつで、汁ものとしても食べられますが、だごをたくさん入れると、主食にもなります。噛むともちもちとした食感で、ゆでたさつまいもが入っているので、やわらかく甘味があります。以前は汁のだしには、いわしをあぶって骨を除き、天日干ししたものを使っており、香ばしさと濃厚ないわしのうま味が味わえました。

せんは、さつまいもをすりおろしたものをこして、液に沈殿したでんぷんをとり出してつくります。手間のかかる作業ですが、昔は各家で自給していました。このでんぷんは乾燥させておくと長期保存できるので重宝しました。せんだごは汁に入れるほか、砂糖やきな粉、黒蜜やあんこをまぶしておやつにすることもあります。

協力＝松本恵子　著作委員＝小林康子

撮影／戸倉江里

＜材料＞ 4人分

- さつまいも…1本（250g）
- 塩…少々

さつまいもでんぷん…100〜150g*
鶏もも肉…40g
薄揚げ…1枚（20g）
大根…3cm（80g）
にんじん…1/5本（30g）
ごぼう…10cm（30g）
白菜…80g
干し椎茸…1枚（5g）
玉ねぎ…1/6個（40g）
かまぼこ…20g
だし汁（いりこ）＋干し椎茸の戻し汁…1ℓ
うす口醤油…大さじ4
酒、みりん…各大さじ1
小ねぎ…2本（10g）

*目安はさつまいもの半量だが、品種やゆで加減など、そのときのいものやわらかさによって変える。

＜つくり方＞

1. さつまいもは皮を厚めにむき、大きめに切る。鍋にいもがかぶるくらいの水を入れ、強火で10分ゆで、塩を加える。いもに箸がスッと通るようになったら鍋を傾け水けをきる。ゆで汁（あめ）はとっておく。
2. **1**のいもを熱いうちにマッシャーでよくつぶし、手早くでんぷんを入れて混ぜる。**1**のあめを少しずつ加えながらこね（写真①）、耳たぶ程度のかたさにする。
3. **2**の生地を直径3cm、長さ10cmほどの棒状に形を整える。生地がかたい場合はあめを表面につけながら整えると乾燥が防げる。このまま保存する場合はラップで包んでおくとよい。
4. **3**を1cmの厚さに切り、平たいだんご状にする。沸騰した湯にだんごを入れ、浮き上がってきたら裏返して2〜3分ゆでる。竹串がスッと通るようになったら冷水にとり、ザルに上げて水けをきる。
5. 鶏肉はひと口大に切る。油抜きした薄揚げは拍子木切り、大根とにんじんはいちょう切り（好みで型で抜いてもよい）、ごぼうはささがき、白菜はざく切り、戻した干し椎茸と玉ねぎ、かまぼこは薄切りにする。
6. 鍋にだし汁と干し椎茸の戻し汁を入れ、沸騰したら鶏肉と椎茸を入れる。途中、アクが出てきたらとる。薄揚げとごぼう、大根、にんじんを加えて煮る。煮立ったら玉ねぎと白菜の茎の部分を入れる。再度沸騰したら白菜の葉とかまぼこ、調味料を入れる。
7. **4**のだんごを入れ、ひと煮立ちさせる。火を止めて、器に盛りつけ、小口切りのねぎを添える。

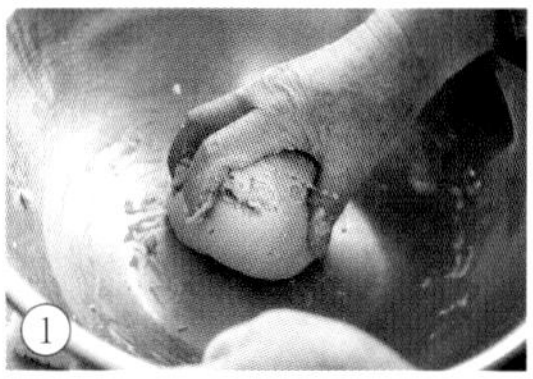

〈長崎県〉

ろくべえ

島原半島では古くからさつまいもを米や麦の代わりにさまざまな形で利用してきました。ろくべえはいもの粉を練って麺にした料理で、島原が大飢饉の際、深江村の六兵衛が考えたといわれています。

さつまいもを切り干しにし、それをさらに粉にして使います。生地に重曹を加えることで色が黒くなり、いもの甘さがより引き立ち、食感もよくなります。このレシピではゆでたろくべえに温かいだしを注ぎますが、だしと野菜と一緒に煮こんでも食感がやわらかくなり、おいしいものです。さつまいものほのかな甘味と煮干しのだしがとても合い、ゆずこしょうや七味唐辛子を添えると味のアクセントになります。ろくべえは専用のおろし器を使う押し出し麺で、生地のこね方やかたさ、押し出すときの力の加減が大事で、長い麺状にするのは難しく、熟練の技です。

対馬にもろくべえがありますが、これはさつまいもを発酵させたせん(だんご)という粉を使い、島原のものとは味も食感も違います。

協力＝佐原トキヱ
著作委員＝久木野睦子、冨永美穂子、石見百江

＜材料＞4人分

さつまいも粉*…200g
山芋…100g
ぬるま湯…50mℓ**
重曹…大さじ1/2
板付きかまぼこ…1/4本
油揚げ…1枚
小ねぎ…10g
だし汁(いりこ)***…2.5カップ
うす口醤油…大さじ1
濃口醤油…大さじ1

*さつまいもを切り干しにし、さらに粉にしたもの。

**分量は目安で、50mℓ以上は必要。生地の状態を見ながら、耳たぶくらいのやわらかさになるまで、適量加える。

***いりこ20gでだしをとる。

＜つくり方＞

1 さつまいも粉に皮をむいてすりおろした山芋を入れてこね(写真①)、ぬるま湯、重曹を加えて耳たぶのやわらかさになるまでよくこね(写真②)、2〜3個に分けて丸める。
2 鍋に湯を沸かし、その上にろくべえおろし器をのせ、1を手のひらで麺状に押し出し(写真③)、そのままゆでる。
3 3〜4分して表面に透明感が出たらザルにあげ(写真④)、水で手早く冷やして水けをきる。このとき麺が切れやすいので、やさしく扱う(写真⑤)。
4 かまぼこは薄切り、油揚げは食べやすい大きさ、ねぎは小口に切る。
5 鍋にだし汁、油揚げを入れ、醤油を加えて味を調える。
6 器に3のろくべえ、かまぼこ、ねぎを盛り、5のだしを注ぐ。

対馬のろくべえ

対馬のろくべえは、「せん(だんご)」というさつまいもでんぷんでつくる。いもを砕いて水につけて発酵させ、さらに乾燥させながら発酵させ、ボール状にする。これを水で洗ってさらし、乾燥させることを繰り返し、小さなだんご状に乾燥させたものが「せん(だんご)」。これに湯を加えて耳たぶほどのかたさにこね、丸めてさっとゆでる。再度こねて丸め、「ろくべえせぎ」でせいで(押し出して)たっぷりの湯でゆでる。だしで鶏肉や野菜を煮て調味し、ろくべえを入れてかまぼこやねぎをのせる。島原のろくべえと違い、対馬のろくべえは甘さはない。

撮影／長野陽一

〈愛媛県〉

おつり

石鎚《いしづち》山系の中山間地域で食べられていたとうきび（在来種とうもろこし）の粉を、具だくさんの汁ものに入れた主食兼おかずの和風ポタージュのような料理です。おつりの「つる」は「まとめる」「とじる」という意味です。

かつては山の斜面を利用した畑作が多く、とうきびは貴重な主食でした。収穫後は軒下で乾燥させ、石臼でひいて粉にして備蓄していました。換金作物の米は売り、家庭では米より粗びきとうきびの割合を多くして炊いていましたが、冷めるとかたくなるので、よく雑炊などにしました。行事の際はもち米と混ぜてもちにし、さらにふるいにかけた細かい「はな粉」でつくるおつりは、大量の粉を栄養のバランスもよくおいしく食べる工夫をしたごちそうでした。

高度経済成長期以降、米を不自由なく食べられるようになると、世代交代とともに、地とうきびの栽培も利用も激減しました。在来作物を守り、料理（食文化）を次世代に伝え継いでほしいと思います。

協力＝工藤クリ子
著作委員＝宇髙順子

＜材料＞ 5人分

ぎんまめ*…50g（60mℓ）
- 水＋椎茸の戻し汁…1.5ℓ
- 干し椎茸…1枚（5g）
- 煮干し（大羽）…20g
- 昆布…25g
- 米…50mℓ

ぶなしめじ…2/3パック（70g）
里芋…7個（280g）
ごぼう…40cm（140g）
にんじん…1本（90g）
油揚げ…20g
うす口醤油…100mℓ
- 大根葉…280g
- 油…大さじ1

地とうきびの粉…200g
しょうが…35g

*在来種のいんげん豆で、うずら豆のような模様がある。つるあり種で、未熟な時期はさやごと食べる。

◎むかご、銀杏、かぼちゃ、大根、鶏肉なども入れる。米はとろみ用なので入れなくてもよい。

＜つくり方＞

1 ぎんまめは3倍の水（分量外）で一晩戻してかために煮る。煮汁はえぐみがあるので使わない。

2 干し椎茸はかぶるくらいの水（分量内）で2時間から一晩戻す。しめじは小房に割る。煮干しは頭と腹を除く。米は洗って水をきる。

3 里芋は皮をよく洗い、熱湯で短時間ゆでて皮をむき、大きいものはひと口大に切る。ごぼうは大きめのささがき、にんじんはいちょう切り、油揚げは短冊切りにする。

4 大根葉は熱湯でサッとゆで、3cmのざく切りにし、油で軽く炒める。

5 鍋に水、昆布、煮干し、米を入れて1時間おく。

6 5の鍋に、しめじ、椎茸を戻し汁ごと加え、中弱火にかけて沸騰直前に昆布と椎茸を、沸騰10〜20分後に煮干しをとり出し、椎茸は細く切って鍋に戻す。

7 6の鍋に、1のぎんまめと3の具を入れて煮る（写真①）。里芋がやわらかくなったら、醤油で薄く味をつけ、大根葉を入れる（写真②）。

8 具が煮えたら、とうきびの粉をだまにならないよう、少しずつふり入れては混ぜると（写真③）、とろみがついてくる。これを「つる」という。一度に入れすぎないよう、少しずつ入れては混ぜるを繰り返し、かためのどろどろの状態になるようにする（写真④）。

9 粉が全部入ったら、蓋をして10分ほど弱火で煮て、粉にも火を通す。

10 椀にぼってりと盛りつけ、針しょうがを飾る。

地とうきび

地とうきびは在来種のとうもろこしのこと。写真は硬粒種。とうもろこしは他家受粉で、平地で栽培したのでは交雑してしまう。米が十分に栽培できなかった四国の中山間地域では、高度経済成長以前は、集落のある谷すじごとに隔離されて栽培され続けてきたことにより、多様な在来種とうもろこしが残っており、西日本における在来種とうもろこしの宝庫となってきた。糯（もち）種・粳（うるち）種、色も黄・橙・赤紫・黒紫などがあり、風味も多様である。

①

②

③

④

撮影／五十嵐公

撮影／高木あつ子

<材料> 4枚分

小麦粉（薄力粉）…120g
だし汁（昆布と花かつお）…160mℓ
長芋…5cm（直径6cm、120g）
卵（M）…4個
キャベツ…2〜3枚（180g）
青ねぎ…2本（40g）
天かす…少々
スルメイカ…1杯（正味120g）
豚バラ肉（薄切り）…160g
お好み焼き用ソース…適量
青のり、花かつお…各適量
油…適量

<つくり方>

1 ボウルに薄力粉、だし汁、おろした長芋、卵を合わせる。
2 キャベツ、ねぎは粗みじんに切る。
3 肉は12cm長さくらい、イカは1×3cm程度に切る。
4 1とは別の混ぜ合わせ用ボウルに4等分した1の生地を入れ、2の野菜の1/4を入れ混ぜ合わせる。
5 鉄板を熱くして油を薄くひき、4の生地を流し入れる。直径15cm程度にする。
6 天かす、イカの1/4をのせ、その上に豚肉の1/4を並べる。
7 下が焼けたら裏返して、ヘラで押さえる。
8 焼けたら再び裏返して肉を上にし、ソースを塗り、青のり、花かつおをふりかける。好みでマヨネーズをかけてもよい。

〈大阪府〉

お好み焼き

大阪では小麦粉料理を「粉もん」と呼び、家庭でも店でも大変親しまれています。お好み焼きはたこ焼きやいか焼きと並んで、粉もんの代表格です。粉をだし汁で溶いたところに野菜などの具材を混ぜて焼きます。大阪では肉といえば牛肉ですが、お好み焼きと焼きそば、粕汁、カツには豚肉です。牛肉よりも脂が出るので、これらの料理に合うようです。

鉄板が敷いてありガスで熱するお好み焼き用のテーブルのある家もあり、家族で、また子ども連れの来客があればみんなでテーブルを囲んでつくりました。一方で厚い大きな鉄板の方がおいしく焼けるからと、家ではあまりつくらずもっぱら店で食べるという人もいました。高校の通学路にお好み焼き屋さんがあると、学校帰りにおやつとして友達と食べるお好み焼きやいか焼きはおいしかったと語る人もいます。ソースも、粉もん文化の大阪にはメーカーがいくつもあり、人それぞれに慣れ親しんだ味があります。

協力＝米澤朋子・美栄子、箕美佐子、倉田裕子　著作委員＝八木千鶴

〈徳島県〉

お好み焼き

徳島では家庭でも店でもお好み焼きをおやつや軽食としてよく食べます。つくり方は大阪のものとよく似ていますが、具に豚肉の代わりとして魚のすり身を揚げた平《ひら》天《てん》や、魚のすり身にパン粉をまぶして揚げたフィッシュカツを入れるのが徳島ならではです。

また、どのお好み焼き店にも「豆焼き」「豆玉」といった金時豆の甘煮を入れたメニューが必ずあります。鳴門では塩づくりがさかんだったため、昔から塩は潤沢にありましたが、甘味は貴重だったので、金時豆の甘煮は皆の好物でした。普段は日常のおかずとして食べますが、お好み焼きやちらしずしにも入れてその甘さを楽しみます。

お好み焼きに入れるとソースの塩けと平天、フィッシュカツなどの魚のうま味、煮豆の甘さ、焼けた豆の香ばしさが合わさりおいしいのです。もちっとした生地とほっくりとした豆の食感の組み合わせもよく、老若男女を問わず人気があります。

協力＝山崎妙子、平野享子
著作委員＝松下純子、坂井真奈美

撮影／長野陽一

＜材料＞ 1枚分

小麦粉…50g
水…1/4カップ
卵…1個（60g）
キャベツ…1/10玉（95g）
青ねぎ…1本（10g）
平天*…1枚（60g）
天かす…10g
金時豆の甘煮**…20g
お好み焼き用ソース…適量
かつお節…適量
青のり…適量
油…適量

*魚のすり身を揚げた、長方形の平たい形のさつま揚げ。

**金時豆(乾燥)20gを水洗いし、4〜5倍の水に一晩つける。つけ汁ごと弱火にかけ、煮汁が少なくなったら差し水する。豆が十分やわらかくなったら砂糖10gを3回に分けて入れ、塩少々加える。火を止めて一晩おき、味をなじませる。

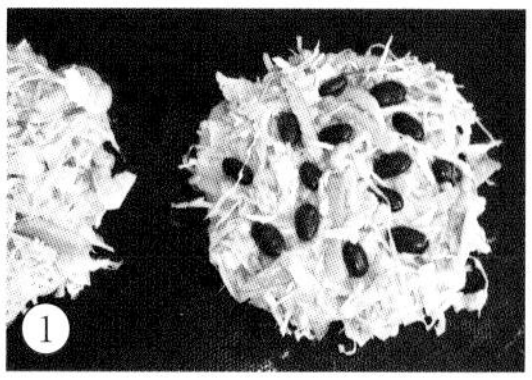

＜つくり方＞

1. 小麦粉を水で溶く。卵を加えてさっくりと混ぜる。
2. キャベツはせん切り、ねぎは小口切り、平天は拍子木切りにし、1に入れて混ぜる。
3. 油をひいて熱した鉄板、もしくはフライパンに2を入れ、直径20cmほどの円状にのばす。生地の上に、天かすと金時豆を散らして焼く（写真①）。
4. 下面がこんがり焼けたら裏返して焼く。両面が焼けたら皿に盛り、ソースを塗ってかつお節と青のりをかける。

◎写真では金時豆を上からも散らしている。

〈長崎県〉

ちゃんぽんと皿うどん

ちゃんぽんと皿うどんは中国出身の陳平順《チェンピンシュン》氏が明治に創業した「四《し》海《かい》樓《ろう》」でつくられたのが元祖といわれ、長崎の歴史の中では新しいものです。冬は体が温まり、夏は暑気払いにと年中食べられています。ちゃんぽんは陳平順氏が従業員や留学生のためにつくり、出前の際スープがこぼれないようにしたのが皿うどんとの説もあります。ちゃんぽんは、福建語のご飯を食べる＝「吃飯（チャポン）」が語源といわれていますが、長崎では混ぜこぜにすることを日常的に「ちゃんぽん」といっています。

多種多様な材料を使い、ボリュームがあり、安く早くできるのが魅力です。店では豚骨スープを使うことが多く、地域によって味が違います。皿うどんは細い揚げ麺の上に、ちゃんぽんと同じ具材をあんかけにすることで食感の違う料理に変身します。家庭では市販のスープを使うこともありますが、今回のレシピでは調味料を使わず、素材から出るうま味や塩味で完成させています。

協力＝馬場節枝、雲仙こぶ高菜加工所
著作委員＝石見百江、冨永美穂子、久木野睦子

ちゃんぽん

<材料> 4人分

ちゃんぽん麺…4袋（800g）
豚もも薄切り肉（またはバラ肉）
…200g
キャベツ…1/4個（300g）
にんじん…100g
玉ねぎ…小1個（100g）
もやし…1/2袋（120g）
干し椎茸…2枚（5g）
しめじ…50g
小エビ（生）*…50尾（250g）
ちくわ、かまぼこなど…50g
こぶ高菜**…1枚（50g）

【スープ】
小エビの頭と殻…125〜150g
大根の端や葉…150g
にんじん…100g
キャベツの芯…100g
玉ねぎの皮…2個分
水…2ℓ

*芝エビや10〜15cmの冷凍のエビでもよい。

**高菜の一種で、茎の内側にコブがある。雲仙の特産野菜。入れなくてもよい。

◎好みでイカや貝のむき身、ねぎ、きくらげを入れることもある。

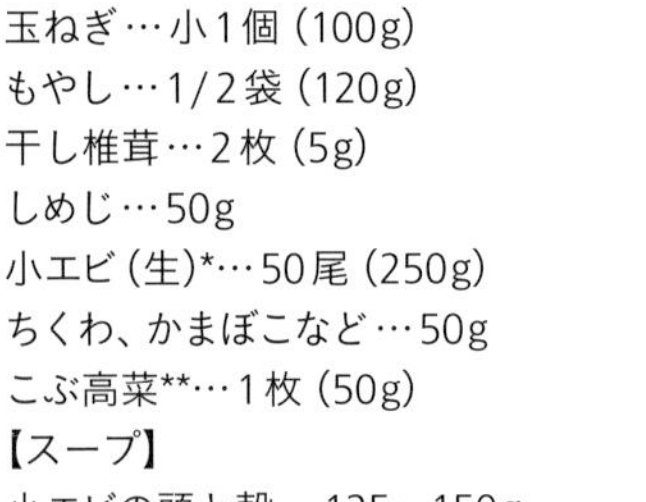

ちゃんぽんの材料。特徴的な鮮やかな色のかまぼこは、ちゃんぽんや皿うどん専用

<つくり方>

1 小エビの殻をとり、水の中にスープの材料を入れて弱火でコトコト煮こんでこす。
2 豚肉は2cm幅、キャベツは2cm幅、にんじんは4〜5cm長さ、玉ねぎは半分に切ってからせん切りにする。もやしはサッと水で洗い、ザルにとる。干し椎茸は水で戻して細いせん切りにする。しめじは洗って手でほぐす。ちくわは3〜5mmの輪切り、かまぼこは3〜5mm幅に切る。こぶ高菜は洗って1cm幅に切る。
3 フライパンに豚肉を入れ、強火で炒める。火が通ったら小エビを入れて赤くなったら、椎茸、しめじを入れる。キャベツ、玉ねぎ、にんじんを加え、ちくわとかまぼこを入れてサッと混ぜ、もやしを入れる。
4 ちゃんぽんの麺をお湯でほぐし、こぶ高菜を加えて水けをきり、3に混ぜる。温めた1のスープを加えて3分程度煮る。
5 器に盛ってできあがり。

皿うどん

<材料> 3〜4人分

中華麺（皿うどん用）*…250〜300g
揚げ油（ラード）…適量
具材はちゃんぽんと同量
スープ（ちゃんぽんのレシピ参照）
…400mℓ
かたくり粉…大さじ2
水…大さじ2

*そうめん5束(250g)でもよい。皿うどん用揚げ麺を使う場合は2袋程度。揚げる必要はない。

<つくり方>

1 油を熱し、中華麺を手早く揚げる。そうめんを使う場合はゆでて水けをきり、軽く平らにまとめて手早く揚げる（写真①）。
2 ちゃんぽんの1〜3と同様にスープをつくり、具を炒める。
3 炒めた具にこぶ高菜、スープを加える。煮立ったら水溶きかたくり粉を少しずつ加え、とろみをつける。
4 1の揚げ麺を皿に薄く平らに盛りつけ、麺の上から3をかける。

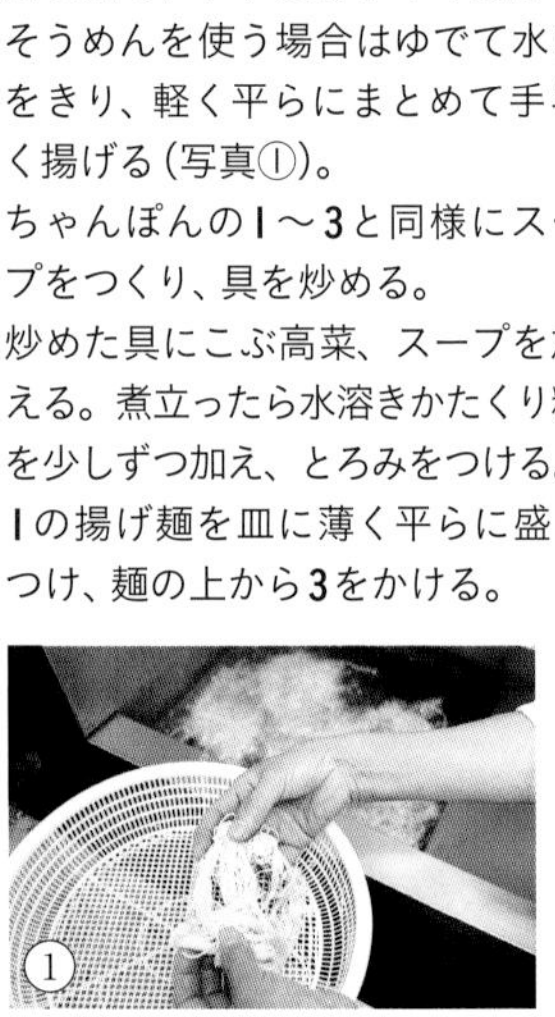

撮影／長野陽一

撮影／五十嵐公

<材料> 1人分

スパゲッティ（ゆで時間10〜12分のもの）…100g
ウインナソーセージ…50g
玉ねぎ…1/4個（50g）
ピーマン…1個（40g）
トマトケチャップ…大さじ3
油…大さじ1（10g）
塩…少々
こしょう…少々

<つくり方>

1 スパゲッティはたっぷりの湯で、袋に表示されている時間よりもやや長めにゆでる。
2 玉ねぎは薄切りにする。
3 ソーセージは1cm厚さに斜めに切る。
4 ピーマンはヘタと種をとり縦に5mm幅に切る。
5 油をひいたフライパンで玉ねぎ、ピーマンを炒める。
6 ソーセージを加えて炒め、トマトケチャップを入れ混ぜ合わせる。
7 最後にスパゲッティを加えてソースとからめ、塩、こしょうで味を調える。

◎ナポリタンのスパゲッティは少しやわらかめが向いているので長めにゆでる。ゆでてから1日おくのもよい。

ナポリタン

〈神奈川県〉

スパゲッティナポリタンは、第二次世界大戦後に横浜の老舗ホテルの料理長によって考案されました。イタリアのナポリ発祥と思われるかもしれませんが、生まれは横浜です。ゆでたてのスパゲッティをケチャップではなくトマトソースで和えたもので、ホテルのメニューには現在もホテル発祥の料理として載っています。

一方、喫茶店や家庭でつくられているナポリタンには、ゆでおきしたやや太めの麺を用いてケチャップで和えたものが多く見られます。麺はゆでる時間がかかるので、あらかじめゆでておいて、注文が入ってから湯通しをして具と炒めます。これも戦後、町の洋食屋から始まり、喫茶店やレストランで広まり、昼食の定番として家庭に普及しました。

甘めの味つけと赤い色は子どもに喜ばれ、弁当のおかずやハンバーグのつけあわせにもされてきました。数年前に新橋などでサラリーマンに行なった聞き書きでも、喫茶店での昼食によく注文するという声が聞かれました。

協力＝中垣良江　著作委員＝大越ひろ

麺に入れるのは長ねぎ？青ねぎ？

多くの麺類には、薬味や具としてねぎが入っていますが、東日本は長ねぎ、西日本は青ねぎを使う傾向があります。ここでは、この本での使用の分布と、それぞれのねぎの特徴を紹介します。

イラスト／鈴木衣津子　撮影／五十嵐公、高木あつ子、長野陽一

ねぎはユリ科ネギ属の多年生草本で、原産地は中国北西部といわれ、日本書記にも記述があります。加賀《かが》、千住《せんじゅ》、九条《くじょう》の三つの品種群に大きく分けられ、長ねぎとして流通しているのはおもに関東地方で生まれた千住群、青ねぎと呼ばれるのはおもに九条群で西日本で育てられています。加賀群は耐寒性があり、下仁田ねぎ、松本一本《まつもといっぽん》太《ふと》など、東北、北陸、関東などで栽培されます。ねぎの可食部分は茎ではなく葉っぱで、葉鞘《ようしょう》と葉身《ようしん》。1960年代頃までは、関東の根深ねぎ、関西の葉ねぎといわれ、東西で食べられているねぎも違っていました。

長ねぎ

（白ねぎ、太ねぎ、根深ねぎ）

太くて白い部分、葉鞘を食べる淡色野菜。土寄せして葉鞘を長く太くのばして軟白にする。寒冷な北日本や耕土が深い関東平野で育ちやすい。濃いめの味つけに合う。生で薬味にすると辛みが強いが、加熱すると甘くなる。

〈本誌での登場都県〉
そば：茨城、栃木、群馬、神奈川、富山、福井、長野、岐阜
うどん：山形、福島、栃木、群馬、埼玉、東京、神奈川、山梨、長野、愛知、香川
だんご汁：青森、岩手、宮城、佐賀

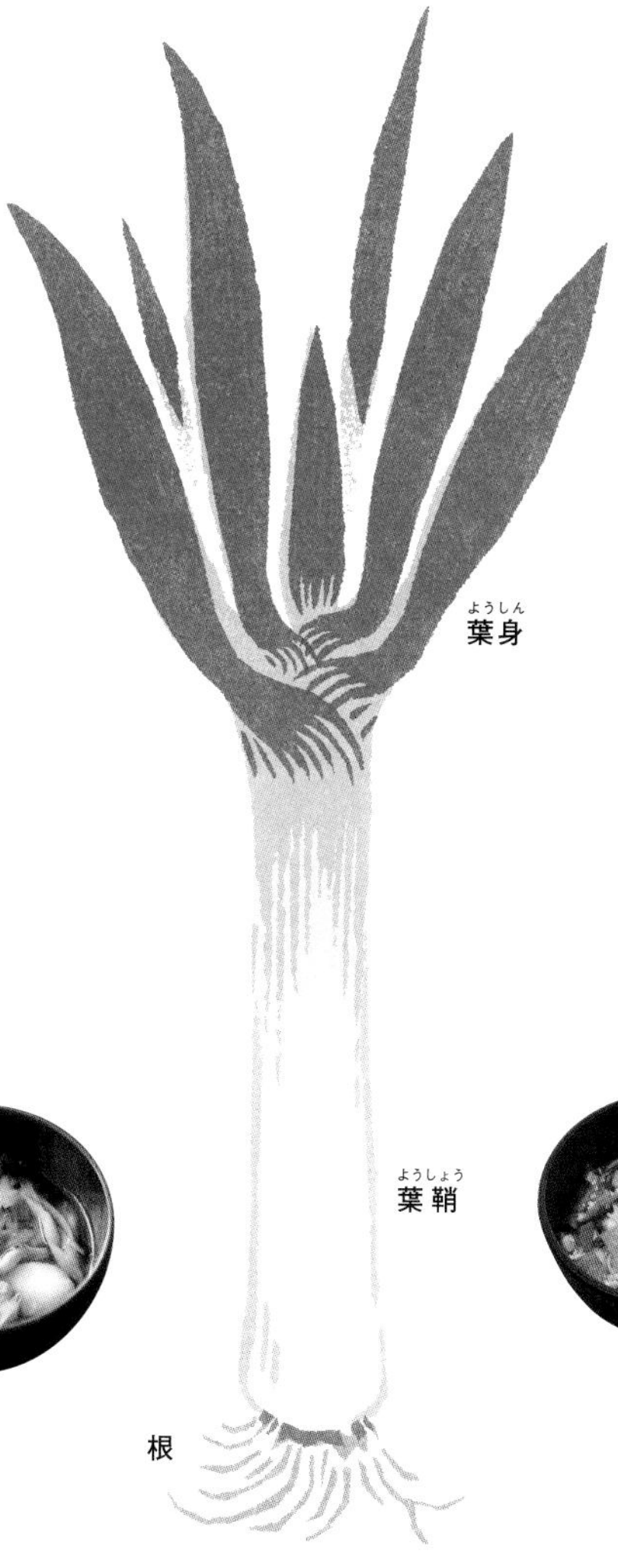

＊茎は短く1～2㎝しかない。何枚もの葉鞘におおわれているので普段は外から見えない。

青ねぎ

（葉ねぎ、小ねぎ、九条ねぎ）

細くて緑の部分、葉身を食べる緑黄色野菜。土寄せしないで緑の葉身部を育てる。小ねぎは若い苗のうちに収穫したもので品種はとくに決まっていない。冬も温暖な西日本で育てられている。あっさりした味に合う。辛みが少なく、生で食べることが多い。

〈本誌での登場府県〉
そば：滋賀、京都、岡山、徳島、宮崎、鹿児島
うどん・そうめん：富山、三重、大阪、京都、広島、山口、徳島、香川、愛媛、高知、大分
だんご汁：岡山、福岡、熊本

参考文献：『そだててあそぼう　ネギの絵本』（農文協）

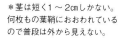

「伝え継ぐ 日本の家庭料理」読み方案内

姿を変える麺・だんご
食感ものどごしも多彩に

本書に掲載された麺や粉もの81品を比較してみると、食材の使い方や調理法に、その料理ならではの特徴や地域特性が見えてきます。レシピを読んで、つくって、食べるときに注目すると面白い、そんな視点を紹介します。

●そばの食べ方のいろいろ

ソバは、やせた土地でも育ち、種まきをしてから70～80日程度で収穫できるので、日本では5世紀からすでに救荒食物（飢饉対策の食べ物）として栽培されていたようです。

古くはそばの実を煮炊きして食べていたものが、粉に挽いて湯や水でこねたそばがきとして食べられるようになり、現在のような麺状のそば切りが食べられるようになったのは16世紀末からと記録に残っているようです。本書でも、山形のむきそば（p9）ではそばの実の食べ方が、粉を練る食べ方としては宮城のそばねっけ（p8）が紹介されています。

他にも、宮崎のわくど汁（p28）はそばでつくるだご（だんご）汁です。また、細い麺状ではなく三角形に切った岩手のそばかっけ（p6）といった食べ方も紹介されています。岩手では客のもてなし料理にはそば切りを出し、そばかっけは家族で鍋を囲んで食べるものだったそうです。宮崎のそばじゅい（p27）と鹿児島のそまんずし（p30）は、通常より太めに切った（それだけ簡単にできる）そばを粉がついたまま煮こむので、とろみがついた汁になります。だご汁とそば切りの中間のような食べ方といえるかもしれません。小麦粉の麺でいえば群馬のおっきりこみ（p46）や山梨のほうとう（p56）とよく似ています。

そば切りのように、細い麺状にすることでのど越しのおいしさやつゆとの絡みを楽しみ、味わうというように、テクスチャーや味つけの幅を広げてきたのではないでしょうか。

●そばをなにでつなぐか

そば粉には小麦粉にあるようなグルテンはなく、粘着性や結着性が乏しいため、つなぎとして一般的には小麦粉などが使われています。そのほかにも岩手のそばかっけ（p6）には卵と豆腐、富山の利賀手打ちそば（p14）でも卵、新潟のへぎそば（p32）では布海苔《ふのり》がつなぎに使われていました。そばかっけに使う豆腐は、地元では増量剤といわれていましたが、生地の中でデンプン粒子の中に水が均等に行き渡るのを助けているようです。それがつなぎの効果を生み出しています。経験的に伝えられてきた知恵の合理性の一例でしょう。布海苔にはフノランという粘性物質が含まれます。

他には長芋や山芋、こんにゃく粉など、ムチンやグルコマンナンなどの粘性物質を含む食品やオヤマボクチ（キク科。ヤマゴボウともいう）の繊維なども使われます。それらを加えることで独特の食感やコシが生まれるようです。

一方で、つなぎを加えないそば粉１００％のそばもありました。島根のめかぶそば（p22）と徳島のそば切り（p24）です。つなぎのないそばは、豊富な経験と技術（手早い作業）が求められ、切れやすいですが香りと味は格別だそうです。

●そばと大根

そばと大根の組み合わせには、強い結びつきがあるようです。

ゆでたせん切りの大根をそばのかて（増量剤）にするのは、北関東の栃木（p11）や群馬（p12）に見られる大根そばです。どちらの地域でもそばのかさを増やし小麦粉やそば粉を節約するのに大根を用いたといいますが、現代では野菜たっぷりの健康的な料理としての位置づけも出てきているようです。

近畿や北陸では、大根おろしでそばを食べます。福井のおろしそば（p16）は、大根おろしをたっぷり使います。大根おろしの繊維がそばに絡んでたくさん食べられるとのことです。大根は、辛いものや旨みの強いものなどさまざまだそうですが、滋賀の伊吹そば

（p20）は、香りが強いそばに、辛みの強い伊吹大根のおろしがよく合うといわれています。

ちなみに、本書では辛味大根のしぼり汁で味噌を溶いてつけ汁とする長野のおしぼりうどん（p53）が登場しますが、長野ではそばも同様に食べます。福島にも辛味大根のおろし汁で食べるそばがあります（写真①）。

●バラエティ豊かなだし

そば切りのつけつゆ、かけつゆのだしに使われている材料は全国的に煮干しが多い傾向にあります。もちろん昆布とかつおのだしを使用しているものもありますが、多くが煮干しのみ、あるいは煮干しと厚削り節や干し椎茸などの組み合わせもありました。風味の強いそばと合わせるために自然と煮干し系のだしが選ばれるようになったのでしょうか。

地域的なだし素材としては、島根のめかぶそば（p22）と鹿児島のそまんずし（p30）、滋賀の焼きさばそうめん（p81）の焼きさば、徳島のたらいうどん（p68）のじんぞく（ハゼ科の川魚）、高知の冷たい汁そうめん（p87）の小あじの煮干し、鹿児島の油ぞうめん（p89）のきびなごの煮干しなどがあります。だしの素材に大豆が入る場合もあります（写真②、③）。どれもぜひ現地で味わいたいものです。

福島県会津地方に伝わる高遠そば（レシピ掲載なし）。奥会津の金山町で栽培される辛味大根「あざき大根」のおろし汁につけて食べる。信濃国（長野県）高遠藩の藩主が会津に転封しそばを広めたという。（協力・丹治テイ／著作委員・會田久仁子）（撮影／長野陽一）

愛媛県大洲市周辺で食べられるそうめんや湯だめうどんのつゆ（レシピ掲載なし）。昆布と煮干しに干し椎茸と大豆を加えてゆっくりと煮出しただしは、大豆のほのかな甘味とうま味がまろやかさを加えている。（協力・井上葉子／著作委員・亀岡恵子）（撮影／五十嵐公）

右のだしに醤油、砂糖、酒、みりんを加え、そうめんや湯だめうどん（ゆでたうどんをはんぼという木製のたらいにゆで汁ごと盛ったうどんで、たらいうどんとも呼ぶ）のつけつゆ・かけつゆとする。大豆や椎茸は具としてのせたり、つゆに入れたまま食べる。（同右）

また、富山の大門素麺（p78）と山口の干しえびのそうめんだし（p85）ではえびのだしが使われます。とくに山口では、かつてはうどんには煮干しだし、そうめんにはえびだしと使い分けていたそうです。そうめんとえびのだしが特別に相性がよいのでしょうか。

●東西の小麦食文化圏と家庭用製麺機

本書では栃木5品、群馬3品、埼玉2品、山梨3品と、食生活において小麦が重要な役割を果たしていた北関東と山梨から多数のうどんやすいとんが紹介されています。栃木の煮ごみ（p40）、群馬の手打ちうどん（p44）、埼玉の冷や汁うどん（p48）では「うどんを打てないと嫁にいけない」というエピソードも共通して見られます。

もう一つ、距離はグンと離れますが、大分からも4品のうどんとだご汁が紹介されています。鯛めん（p72）には家庭にある製麺機でうどんを打つという話が出てきますが、群馬の手打ちうどんでも家庭用製麺機が紹介されており、市販の麺が当たり前になる前の、手打ちうどんをより手軽にする方向で道具が開発されていた時代を垣間見ることができます。

●うどんは洗う？　洗わない？

具を煮て調味した汁で麺を煮こむタイプのうどんは10品紹介されています。このうち7品は生地を成形し汁に入れて直接煮こむレシピになっています。愛媛の包丁汁（p66）で「打ち粉により、汁にとろみがつき、冷めにくいので寒い時季には体が温まり、腹持ちもよく喜ばれます」と紹介されているように、煮こみ麺ではとろみがおいしさになっているといえそうです。調理の手間が省けるというメリットもあるでしょう。

しかし好みもあるのか、あまりどろどろにはならないように仕上げる場合もあり、福島のまんがこ（p36）、栃木の耳うどん（p38）、埼玉のひもかわ（p50）では、麺は別ゆでしてさっと洗い、ぬめりをとってから煮こんでいます。これでとろみはずいぶん減少すると思われます。とろみがついて温かさが持続し、腹持ちのよい汁がごちそうだった時代と、暖房が利き、食べるものも豊富な現代との違いも影響しているのかもしれません。

●似ているけど違う

愛媛の包丁汁（p66）と大分のほうちょう（p70）は、どちらも麺の生地をひも状にのばしていく手延べのプロセスがあり、豊後水道（宇和海）をはさんで似た名前とつくり方のうどんがあるのは納得できる気がします。しかし、愛媛の包丁汁は汁に直接麺を入れて手軽につくる料理で、農作業の繁忙期に重宝された料理のようです。そのため麺の太さも長さも不揃いでよく、逆にそれがつるつるやしこしこといった食感の違いを生んで味わい深いとされています。

それに対し大分のほうちょうは、特別な日の料理でだしも贅沢に使用し、麺はこよりをひねるように均一な太さに丁寧にのばしていき2〜3mにもするようです。名前も愛媛の「包丁」に対して大分は「鮑腸」の字をあてるとのことで、同じ名前の料理でも日常食とハレ食でずいぶん違います。

栃木の耳うどん（p38）と山梨のみみ（p56）も似ています。耳うどんは正月に食べると一年中悪いことが聞こえないとか、鬼の耳を食べてしまうことで一年中悪いことが起こらないなどともいわれているそうです。一方、山梨の「みみ」は箕《み》のことです。福をすくいとる箕の形を模したと伝えられています。正月や結婚式などに縁起の良いごちそうとして伝えられてきています。

どちらもひと手間加えた特別な形の生地にすることでハレの日の祝いを表わし、また折ったり押さえたり二重になったりなどと食感の違いも楽しめるものになっているようです。

●たぬきかきつねか

大阪のきつねうどん（p62）には、大きな油揚げとねぎがのっています。「きつね」と呼ぶのは、稲荷神社のつかいであるきつねが油揚げを好むからという説があります。

ところが、刻んだ油揚げとねぎをあんかけにしたうどんが京都ではたぬきうどん（p61）と呼ばれます。あんかけでとろみをつけているのが化かしているから、だそうです。

本書では登場しませんでしたが、関東ではたぬきうどんというと天かすをのせたものを指すので、麺類におけるきつねとたぬきの化かし合い（？）は土地ごとにさまざまな味を楽しませてくれます。

●そうめん文化、東西の違い

そうめんの料理は東日本から4つ、西日本から9つが紹介されており、数としては西高東低になっています。そうめんは関西で現在の形になったと考えられているので、西日本には歴史の蓄積があるからでしょう。

滋賀の焼きさばそうめん（p81）、広島の鯛そうめん（p82）、兵庫の鯛めん（p84）など、魚の煮汁をかけて食べるのは夏の定番料理であったようで、中でも鯛を使うのはハレの日の料理。昔は結婚式に欠かせない料理であったとのこと、両家の対面と鯛めんをかけていたというエピソードも伝わります。

異色なのは佐賀の地獄そうめん（p88）で、そうめんをゆでている鍋のゆで汁に味噌で味つけしてそのまま食べる簡単料理です。

数では少ない東日本のそうめんも、特徴的な食べ方がされています。宮城のごまだれうーめん（p75）や千葉のそうめんごま汁（p80）などで見られるごまのつけ汁は、どちらも黒ごまを使っており、見た目にもインパクトがあります。ごまだれうーめんではごまがねっとりと油が出るまでよくするとしています。そうめんごま汁では炒りごまもする直前にもう一度炒って香り高くするなど、濃厚で滋養のつきそうな汁だと思われます。

宮城のうーめんは約9㎝と短いのが特徴です。一方で、富山の大門素麺（p78）は180㎝の麺を半分にちぎって丸めるといいますから、約90㎝でしょうか。相当長いそうめんになっています。丸まげ型の丸め方もユニークです。

●汁そうめんから炒め煮、炒めそうめんへ

本土では、そうめんはゆでてつゆをかけたりつけたりする食べ方が主流です。それが奄美大島では煮干しを炒めて湯と醤油を加え、そうめんを入れて炒め煮する油ぞうめんが紹介されています（p89）。さらに沖縄へ行くと、そうめんの油炒めであるソーミンタシヤー（p90）が紹介されています。それぞれの風土や歴史の違いが食文化の変化をグラデーションのように見せる例かもしれません。

●すいとん・だんごのやわらかさいろいろ

小麦粉でつくるすいとん・だんご汁に紹介されている9種類のレシピを見ると、粉に入れる加水量がそれぞれに異なっています。手につきにくいドウ（dough）の状態になる50％前後が6つを占めていますが、栃木の法度汁（p96）では加水量が75％、群馬のおつみっこ（p97）では92％、佐賀のだご汁（p99）では100％になっています。この加水量では生地が手についてしまいますが、その写真も載っていますので、このくらいの「ゆるい」状態がこの地域で比較的親しまれてきた食感を生み出しているのかもしれません。もちろんどの地域でも、もっとかための生地を好む人もいたはずですが（写真④、⑤も参照）。

加水量50％前後のドウの生地をのばしていく6種類のレシピを見ていくと、生地をこねた後、短いもので15分、長いものでは2時間ほど、生地をぬれ布巾やラップに包んで休ませていました。これは生地を休ませることによって、弾力が弱くなり、伸展性が高くなって、より簡単に生地をのばすことができるという知恵が経験的に伝わってきたということでしょう。

④ 宮崎県のだご汁（レシピ掲載なし）。小麦粉に対して約7割の水を加え、玉じゃくしですくって箸でちぎって入れる。手でちぎれるかたさにすることもあり、家族の好みにより日によっていろいろ。（協力・長野タマ子、長野峯子／著作委員・長野宏子）（撮影／高木あつ子）

⑤ 野菜はそのときに地域でとれるものでよいが、かぼちゃを入れると甘味が増して味噌と相性がよいので、よく使われる。油揚げも一緒に使うことが多く、コクが出ておいしさが増す。（同右）

●いろいろな麺と粉もの

本書では青森の長芋入りすいとん（p103）や岡山のたかきびだんご汁（p104）など、そば・小麦以外の麺やだんごも出てきます。

熊本のせんだご汁（p105）と長崎のろくべえ（p106）はさつまいもが原料です。せんだご汁の「せん」はすりおろしたさつまいもをこして沈殿させてとったでんぷんです。また、ろくべえは島原でつくられる、さつまいもの粉を生地にした押し出し式の麺です。さつまいもの自然な甘味を感じる麺だということで、興味をそそられます。

愛媛のおつり（p108）はとうきびの粉をたっぷり入れた汁で、和風ポタージュのようになるといいます。穀物の食べ方の、かなり古い形を伝えているのではないでしょうか。

本書には他にも大阪と徳島のお好み焼き（p110、111）や長崎のちゃんぽん（p112）、神奈川のナポリタン（p114）といった、どちらかというと外食で食べることが多いかと思われる料理の家庭的なつくり方が紹介されています。ぜひ、実際につくってみてください。

＊　＊　＊

東京のずりだしうどん（p43）の紹介文の中に、手づくりのうどんの生地の状態を初心者が判断するのは難しく、初心者は経験者から学び、母から子へ、姑から嫁へと継承されているとありました。このような暮らしの技術と食文化の継承が、これからも続いていってほしいと願っています。

（東根裕子）

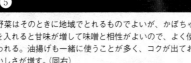

調理科学の目 1

小麦粉の麺、そのおいしさの科学

大越ひろ（日本女子大学名誉教授）

本書にはさまざまな材料からつくる麺やだんごが登場します。ここでは、その中でも最もポピュラーな小麦粉の麺のおいしさについて、ポイントをいくつか考えてみます。

●うどんに塩を入れるのは

うどんをつくるには、小麦粉に塩水を加え、生地をこねていきます。このとき、小麦粉に含まれる不溶性のたんぱく質であるグリアジンは吸水させると流動性と粘着性を生じ、糸状にのびます。一方、同じく不溶性のたんぱく質であるグルテニンは吸水するとかたいゴム様の弾力性のある物質となります。こねることでこのグリアジンとグルテニンが絡み合い、網目構造を持つグルテンが形成されます。十分にこねることで、グルテンが均一な連続層を形成します。

このグルテンの網目構造の隙間にでんぷんが分散層として入りこみます。このときに十分にこねて混ぜることで、生地は滑らかでのびやすくなります。さらに、こねた後の寝かし操作（生地の熟成）によりグルテンの網目構造が安定化し、生地はさらにのばしやすく、成形しやすくなります。

このグルテン形成の過程において、食塩にはグリアジンの粘着性を高めてグルテンの網目構造を緻密にする働きがあります。そのため、生地の粘弾性や伸展性が高まり、つなぎやのびがよくなるのです。

ただし、「ほうとう」などのように煮汁に直接投入する麺類の場合、塩を入れないでつくることもあります。これは一つには、汁の塩味が強くなりすぎるためではないかと思われます。と同時に、これらの料理では煮こんでとろりとした舌触りがおいしさのポイントになっていると思われます。煮こまれたときにでんぷんが加水され、とろみが出て、つるんとしたのど越しになります。あえて塩でグルテンを強化しなくてもよいのではないでしょうか。麺ではない形で食べる「はっと」や「だご汁」も、本書のレシピでは塩は入れないか、入れてもごくわずかです。

なお、スパゲッティなどのパスタ類にも塩は入っていません。これは、原料になるデュラム小麦粉のたんぱく質含量が約13％と多いため、たんぱく質含量が約９％の地粉や中力粉のように、塩を加えてグルテン構造を緻密にする必要がないためです。

●うどんの「コシ」と「滑らかさ」

さぬきうどんに代表されるうどんの「コシ」とはなんでしょうか。ゆでた直後はコシがあるうどんも、時間が経過するとコシがなくなり、ゆでのびをします。そこで、ゆでてからの変化について考えてみます。

三木（※1）によると、コシのあるうどんは噛み始めはやわらかいが、破断して噛み切るには強い力を必要とします。しかし、ゆでてから6時間経過したうどんでは噛み始めはゆで直後のうどんよりもかたいのですが、噛み切りやすくなっています（図）。

うどんのコシとは、単にかたいのではなく、噛み始めはやわらかく、噛み切る直前まで徐々にかたくなるような現象を指しているといえます。ゆで直後の麺の表面はツルツルと滑らかです。このとき、麺の表面付近ではでんぷんが完全に糊化していますが、中心部分ではでんぷんが十分に糊化していない粒として残存しています。この構造が、表面がやわらかく中心付近がかたい食感、いわゆるコシの原因と考えられます。

一方、ゆでのびした麺では表面がかたくなり、逆に中心部分のかたさが低下しています。これは、時間とともに表面から中心部へ水分が移動し、糊化していた表面部分のでんぷんでは老化が始まり、中心部ではでんぷんがより多くの水分を含んだ状態になったためと考えられます。そのため、ゆでてから時間を経た麺は噛み始めから噛み終わりまでのかたさの変化が小さくなり、表面の滑らかさも低下して、コシを感じられなくなるのです。

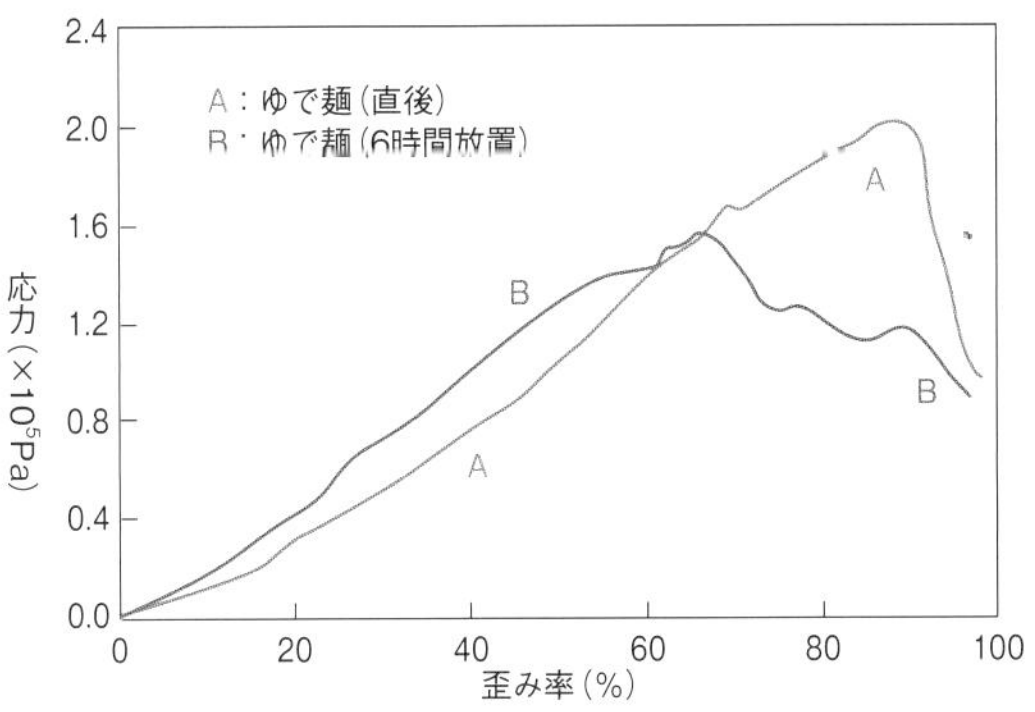

図　ゆで直後と放置したゆで麺の典型的な歪み–応力曲線

（【※1より作成】）

＊麺を噛むと歪み率が0%から増大していき、100%で噛み切られた状態になる。応力は噛むのに必要な力。噛み始めはAの方が弱い力で噛めるが、噛み切れるまでにはBよりも大きな力が必要。

●うどんとそうめんの違いは

小麦粉生地からつくられた麺類には、そうめん、ひやむぎ、うどんなどがあり、多くは乾麺の形で流通しています。

ＪＡＳ規格（日本農林規格）の乾めん類品質表示基準では、麺の種類は太さで分類されています（機械製麺の場合）。乾麺の長径が１・３㎜未満のものをそうめん、１・３㎜以上１・７㎜未満をひやむぎ、長径１・７㎜以上がうどんと定義されています。

山田（※２）は、麺の太さがおいしさに影響する例として、つけ汁タイプの麺つゆに浸したときに麺につゆが付着する量について検討しています。

麺つゆの付着する量は麺の表面積に正比例します。そのため、同じ麺つゆを用いた場合は、麺が細いほど多くのつゆを摂取し味を濃く感じやすくなります。こうしたことが、実際のレシピにどのように反映しているかを調べるのも興味深いことです。

うどんとそうめん、とくに手延べ式のそうめんでは、太さとは別の違いもあります。

うどんはほとんどが生地に打ち粉をかけて、麺状にのばしたのちに、線状に切ります。一方、手延べそうめんは生地を細い線状に手でのばしますが、そのときに植物油などの油脂を用いて麺同士が付くことや乾燥を防止しています。この植物油がそうめんのコシに影響を与えるのです。手延べそうめんは、多くの場合１〜２月頃に生産しますが、のばして一定の長さにしたものを束ね、保存します。それが６月頃の高温多湿の梅雨の時期を経ると、塗布した植物油が小麦粉中の酵素の働きによってグルテンに作用し、グルテンの構造を強化します。すなわち、コシがより強く変化し、のど越しもよくなるなど、独特のテクスチャーが生じます。この現象を「厄《やく》」といいます。

●スパゲッティをゆでるのに塩は不要

麺をゆでるときには大量の湯を用います。麺を加えたときに湯温はやや低下しますが、噴きこぼれそうになったときに、差し水は好ましくないそうです。１ℓの湯に１００㎖の水を差すと約７℃低下すると確認されています。この温度低下は、デンプンの糊化への影響よりも、グルテンの熱変性に影響があるようです。

大量の湯でゆでるのは、生地に加えられた塩味を抜く役割があると考えられますので、うどんをゆでる際にゆで水に塩を加えることはまずありません。

しかし、スパゲッティをゆでるときには「ゆで水に塩を入れる」と料理書にも製品パッケージにも書いてあります。この塩は必要なのか、前出の山田が検討しています（※２）。

ゆで水に食塩を入れる理由として、「沸点が上昇するので早くゆで上がる」という説明があります。確かに、食塩水は高濃度になれば沸点が上昇しますが、実際には、１ℓの水の沸点を約１℃上昇させるのに58・４ｇ（１モル）の食塩が必要になります。すなわち、５・８％の食塩水になり、食用にするには塩辛すぎます。

また、麺の歯ごたえを増すと説明される場合もあります。しかし麺の歯ごたえを増加させるのには２％の食塩を加える必要があるということです。これもかなり塩辛いゆで水なので、現実的ではありません。山田はスパゲッティのゆで水に多少の塩を加えても意味はなく、必要はないと結論しています。

【※１】三木英三「うどんのテクスチャー」『日本バイオレオロジー学会誌』第20巻２号（２００６年）
【※２】山田昌治『麺の科学』（講談社）（２０１９年）

調理科学の目2

東西で異なるうどんつゆの味

真部真里子（同志社女子大学教授）

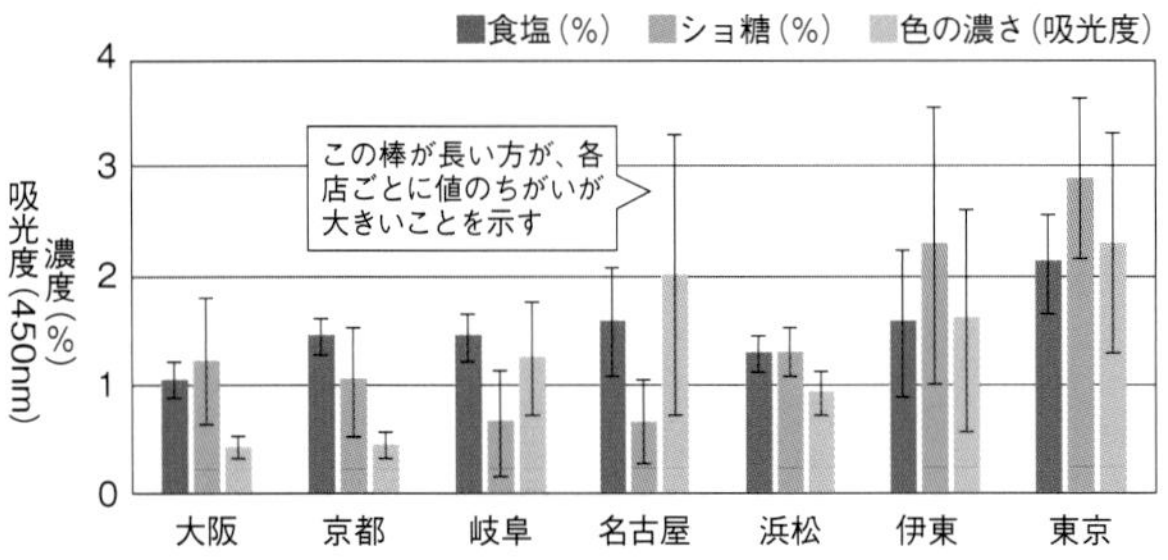

図　東海道の主要都市におけるうどんつゆの色と呈味成分濃度　（【※2】より作成）

とかく日本の食事情は、東日本と西日本に分けて語られます。「そば」と「うどん」についても、東日本はそば文化、西日本はうどん文化といわれます。現在はどうかわかりませんが、「東海道線の駅の飲食店で、そばとうどんの売り上げがJR豊橋駅（愛知県豊橋市）を境に、東側はそば、西側はうどんの方がよく売れる」と紹介されたこともあります（※1）。

東海道12都市のうどんつゆ調査

20年以上前になりますが、東海道（鉄道ではなく街道）に沿った12都市のうどん・そば店各都市約10店舗（計110店舗）からうどんのつゆをいただき、その色と呈味成分濃度を調査しました（※2）。一部まとめ直したのが上の図です。つゆの色については、浜松以東で色が濃くなり、大阪、京都は色が薄いことがわかります。これは、本書にもあるように関西のうどんのつゆには、通常うす口醤油を使うからだと考えられます。なお、愛知県は色の薄い白醤油と濃いたまり醤油、両方の発祥の地とされ、東海のうどんのつゆの色は、使われる醤油で大きく変わります。東海は、東西では語れない食事情がありそうです。

また、食塩濃度を比べると、地理的に明確な区切りは見つかりませんでしたが、大阪と東京では、やはり東京の濃度が約1％高い結果となりました。人は、他の味に比べて塩からさには敏感です。1・00％を1・06％へ、たった0・06％高くしただけで、半数以上の人が塩からくなったことに気づきます。1％も差があれば、大阪に比べて東京は塩からいことに誰でも気づくことができるので、やはり「関西の薄味、関東の濃い味」は本当だとわかりました。

東のそば文化と西のうどん文化

さらに、もう一つ興味深いことがありました。それはショ糖（砂糖の主成分）濃度です。浜松以東で顕著にショ糖濃度が高くなっています。これは、うどんつゆのつくり方に原因があるのではないかと考えています。関東では、うどんつゆもそばのつけ汁のもととなる「かえし」（醤油・砂糖・本みりんを混ぜてつくる）をだしでのばしてつくられることが多く、関西では、だしにうす口醤油などの調味料を加えてつくります。

データには示せていませんが、集めたつゆのにおいを嗅ぐと、浜松以東は醤油の香り、関西のものはだしの香りを一番に感じました。まさにこれは、豊橋周辺を境として、東はそば文化、西はうどん文化であることを示しているといえるでしょう。じつは、うどんのカップ麺の原材料表示（重量順に並んでいる）を比べると、関東はだしの前に醤油が書かれていますが、関西ではだしの後ろです。確認してみてください。

だしを生かした減塩調理

さて、かつおと昆布の混合だしは、かつおだしに含まれるヒスチジンが塩味増強効果を、かつおだしの香りとうま味成分がおいしさ向上効果を発揮して減塩に役立つことがわかっていますし、醤油の香りも塩味を強めることが報告されています（※3）。生活習慣病予防のためにも、本書のレシピを工夫して、自家製減塩めんつゆにチャレンジしてみてください。

【※1】話題の達人倶楽部編「『関東の味』のしきたり『関西の味』のしきたり」青春出版社（2012）
【※2】真部真里子他「東海道『うどんだし汁』の調査による味の地域的特徴の検証」『日本調理科学会誌』第47巻1号（1996年）
【※3】Djordjevic, J.他. "Odor-induced changes in taste perception" Experimental Brain Research, Vol.159, pp405-408（2004）

都道府県別　掲載レシピ一覧

●1つが掲載レシピ1品を表します。

※調味料、油は含めない。項目ごとに五十音順。

麺類

穀物・穀物加工品

野菜・野菜加工品

いも・いも加工品

その他の協力者一覧

本文中に掲載した協力者の方々以外にも、調査・取材・撮影等でお世話になった方々は各地にたくさんおいでです。ここにまとめて掲載し、お礼を申し上げます。（敬称略）

青森県　上北地域県民局地域農林水産部農業普及振興室、笹森得子

岩手県　高家領水車母さんの会

宮城県　木幡みつよ、佐藤ケイ子

山形県　佐藤英俊

福島県　石井梨絵

茨城県　阿部民子、菊池泰子、大友りつ子、鈴木禮子

東京都　森谷久美子、磯部信子

新潟県　わたや、佐々木教真

富山県　となみ野農業協同組合大門素麺事業部

福井県　土の駅今庄

山梨県　南部町すみれの会、上野原市食生活改善推進員協議会

長野県　かけはしの会、鬼無里農産物直売所ちょっくら

兵庫県　森崎達也

島根県　島根県食生活改善推進協議会、前田秀子、林信子、西村初美、柴原康子、島根県立大学（平成30年度学術研究特別助成金）

広島県　山﨑憲子、廿日市市地御前市民センター、岡田幾香、河村美保、佐藤千代子、福山市食生活改善推進員協議会

徳島県　射場アケミ、南敏治、南文恵、下西波子、伏平千代江、伏平隆繁、板場ナカコ、井上ヨシカ、佐古宮子

香川県　村上仁望、木田彩乃、鶴羽美結、井上紗也香、角野寧音、次田隆志

愛媛県　清家民江、伊藤悦子、宮本三枝子、薬師寺美保、河野清隆、十亀貴代子、工藤貞子、伊藤秀子、岩間好美、工藤康博、近藤俊雄、山本貴仁

高知県　松﨑淳子、小松利子、岩目博子

長崎県　島原市食生活改善推進員協議会、島原市福祉保健部保険健康課健康づくり班、対馬市食生活改善推進協議会厳原支部、対馬市健康づくり推進部いきいき健康課

熊本県　天草広域本部農林水産部農業普及・振興課

大分県　髙橋マチ子

宮崎県　椎葉みえ子、宮崎県立農業大学・甲斐紀子、宮崎県農業経営支援課（今東香、坂本美奈子）、JA都城・松留あけみ

「伝え継ぐ　日本の家庭料理」著作委員一覧

（2020年1月1日現在）

北海道　菅原久美子（札幌国際大学短期大学部）／菊地和美（藤女子大学）／坂本恵（札幌保健医療大学）／木下教子（北翔大学）／土屋律子（元北翔大学）／藤本真奈美（光塩学園女子短期大学）／村上知子（元北海道教育大学）／山口敦子（天使大学）／佐藤恵（光塩学園女子短期大学）／伊木亜子（函館短期大学）／畑井朝子（元函館短期大学）／宮崎早花（酪農学園大学）／田中ゆかり（光塩学園女子短期大学）

青森県　北山育子（東北女子短期大学）／安田智子（東北女子短期大学）／真野由紀子（東北女子短期大学）／熊谷貴子（青森県立保健大学）／今井美和子（東北栄養専門学校）／澤田千晴（元東北女子短期大学）／下山春香（元東北女子短期大学）

岩手県　髙橋秀子（修紅短期大学）／長坂慶子（岩手県立大学盛岡短期大学部）／魚住惠（元岩手県立大学盛岡短期大学部）／菅原悦子（元岩手大学）／村元美代（盛岡大学）／渡邉美紀子（修紅短期大学）／冨岡佳奈絵（修紅短期大学）／佐藤佳織（修紅短期大学）／阿部真弓（修紅短期大学）／松本絵美（岩手県立大学盛岡短期大学部）／岩本佳恵（岩手県立大学盛岡短期大学部）

宮城県　高澤まき子（仙台白百合女子大学）／野田奈津実（尚絅学院大学）／和泉眞喜子（尚絅学院大学）／宮下ひろみ（東都大学）／濟渡久美（東北生活文化大学短期大学部）／矢島由佳（仙台白百合女子大学）

秋田県　高山裕子（聖霊女子短期大学）／熊谷昌則（秋田県総合食品研究センター）／長沼誠子（元秋田大学）／山田節子（元聖霊女子短期大学）／三森一司（聖霊女子短期大学）／髙橋徹（秋田県総合食品研究センター）／逸見洋子（元秋田大学）／大野智子（青森県立保健大学）／駒場千佳子（女子栄養大学）

山形県　齋藤寛子（山形県立米沢栄養大学）／宮地洋子（仙台青葉学院短期大学）／平尾和子（愛国学園短期大学）／佐藤恵美子（元新潟県立大学）

福島県　阿部優子（元郡山女子大学短期大学部）／加藤雅子（郡山女子大学短期大学部）／會田久仁子（郡山女子大学短期大学部）／中村恵子（福島大学）／柳沼和子（郡山女子大学）／津田和加子（桜の聖母短期大学）／福永淑子（文教大学）

茨城県　渡辺敦子（茨城キリスト教大学）／荒田玲子（常磐大学）／吉田恵子（つくば国際大学）／石島恵美子（茨城大学）／飯村裕子（常磐大学）／野口元子

栃木県　名倉秀子（十文字学園女子大学）／藤田睦（佐野日本大学短期大学）

群馬県　綾部園子（高崎健康福祉大学）／堀口恵子（東京農業大学）／神戸美恵子（桐生大学）／阿部雅子（東都大学）／高橋雅子（明和学園短期大学）／永井由美子（群馬調理師専門学校）／渡邉靜（明和学園短期大学）

埼玉県　島田玲子（埼玉大学）／河村美穂（埼玉大学）／土屋京子（東京家政大学）／加藤和子（東京家政大学）／成田亮子（東京家政大学）／名倉秀子（十文字学園女子大学）／木村靖子（十文字学園女子大学）／松田康子（女子栄養大学）／駒場千佳子（女子栄養大学）／徳山裕美（帝京短期大学）

千葉県　渡邊智子（淑徳大学）／柳沢幸江（和洋女子大学）／今井悦子（聖徳大学）／石井克枝（元千葉大学）／中路和子／梶谷節子／大竹由美

東京都　加藤和子（東京家政大学）／宇和川小百合（東京家政大学）／赤石記子（東京家政大学）／伊藤美穂（東京栄養食糧専門学校）／色川木綿子（東京家政大学）／大久保洋子（元実践女子大学）／香西みどり（お茶の水女子大学）／佐藤幸子（実践女子大学）／白尾美佳（実践女子大学）／成田亮子（東京家政大学）

神奈川県　櫻井美代子（東京家政学院大学（非））／大越ひろ（元日本女子大学）／増田真祐美（成立学園高等学校）／大迫早苗（相模女子大学短期大学部）／酒井裕子（相模女子大学）／清絢／小川暁子（神奈川県農業技術センター）／河野一世（奈良食と農の魅力創造国際大学校）／津田淑江（元共立女子短期大学）

新潟県　佐藤恵美子（元新潟県立大学）／太田優子（新潟県立大学）／立山千草（新潟県立大学）／山口智子（新潟大学）／伊藤直子（元新潟医療福祉大学）／玉木有子（大妻女子大学）／伊藤知子（新潟県栄養士会）／小谷スミ子（元新潟大学）／山田チヨ（新潟県栄養士会）／松田トミ子（新潟県栄養士会）／長谷川千賀子（悠久山栄養調理専門学校）／渡邊智子（淑徳大学）

富山県　深井康子（富山短期大学）／守田律子（元富山短期大学）／原田澄子（金沢学院短期大学）／稗苗智恵子（富山短期大学）／中根一恵（富山短期大学）

石川県　新澤祥惠（北陸学院大学短期大学部）／川村昭子（元金沢学院短期大学）／中村喜代美（北陸学院大学短期大学部（非））

福井県　佐藤真実（仁愛大学）／森恵見（仁愛女子短期大学）／谷洋子（元仁愛大学）／岸松静代（元仁愛女子短期大学）

山梨県　時友裕紀子（山梨大学）／柘植光代（元日本女子大学）／阿部芳子（元相模女子大学）／松本美鈴（大妻女子大学）／坂口奈央（山梨県立北杜高

等学校）

長野県　中澤弥子（長野県立大学）／吉岡由美（元長野県短期大学）／高崎禎子（信州大学）／小木曽加奈（長野県立大学）／小川晶子（長野県立大学）

岐阜県　堀光代（岐阜市立女子短期大学）／西脇泰子（岐阜聖徳学園大学短期大学部）／長屋郁子（岐阜市立女子短期大学）／坂野信子（東海学園大学（非））／木村孝子（東海学院大学）／辻美智子（名古屋女子大学）／横山真智子（各務原市立桜丘中学校）／山根沙季（中京学院大学短期大学部）／長野宏子（元岐阜大学）

静岡県　新井映子（静岡県立大学）／高塚千広（東海大学短期大学部）／市川陽子（静岡県立大学）／伊藤聖子（静岡県立大学）／神谷紀代美（浜松調理菓子専門学校）／川上栄子（元常葉大学）／清水洋子（静岡英和学院大学短期大学部）／竹下温子（静岡大学）／中川裕子（実践女子大学）／村上陽子（静岡大学）

愛知県　西堀すき江（東海学園大学（非））／小出あつみ（名古屋女子大学）／近藤みゆき（名古屋文理大学短期大学部）／石井貴子（名古屋文理大学短期大学部）／小濱絵美（名古屋文理大学短期大学部）／加藤治美（名古屋文理栄養士専門学校）／山内知子（名古屋女子大学）／松本貴志子（名古屋女子大学短期大学部）／間宮貴代子（名古屋女子大学）／伊藤正江（至学館大学）／森山三千江（愛知学泉大学）／山本淳子（愛知学泉短期大学）／野田雅子（愛知淑徳大学（非））／廣瀬朋香（元東海学園大学）／亥子紗世（元東海学園大学）／筒井和美（愛知教育大学）／羽根千佳（元東海学園大学）

三重県　磯部由香（三重大学）／飯田津喜美（三重短期大学）／水谷令子（元鈴鹿大学）／成田美代（元三重大学）／平島円（三重大学）／久保さつき（鈴鹿大学）／鷲見裕子（高田短期大学）／乾陽子（鈴鹿大学短期大学部）／駒田聡子（皇學館大学）／阿部稚里（三重短期大学）／奥野元子（元島根県立大学短期大学部）／萩原範子（元名古屋学芸大学短期大学部）／小長谷紀子（安田女子大学）

滋賀県　中平真由巳（滋賀短期大学）／山岡ひとみ（滋賀短期大学）／石井裕子（武庫川女子大学（非））／小西春江（園田学園女子大学短期大学部）／久保加織（滋賀大学）／堀越昌子（京都華頂大学）

京都府　豊原容子（京都華頂大学）／湯川夏子（京都教育大学）／桐村ます美（元成美大学短期大学部）／河野篤子（京都女子大学）／坂本裕子（京都華頂大学）／福田小百合（京都文教短期大学）／米田泰子（元京都ノートルダム女子大学）

大阪府　東根裕子（甲南女子大学）／八木千鶴（千里金蘭大学）／阪上愛子（元堺女子短期大学）／澤田参子（元奈良文化女子短期大学）／原知子（滋賀短期大学）／山本悦子（元大阪夕陽丘学園短期大学）

兵庫県　田中紀子（神戸女子大学）／片寄眞木子（元神戸女子短期大学）／坂本薫（兵庫県立大学）／富永しのぶ（兵庫大学）／本多佐知子（金沢学院短期大学）／中谷梢（関西福祉科学大学）／作田はるみ（神戸松陰女子学院大学）／原知子（滋賀短期大学）

奈良県　喜多野宣子（大阪国際大学）／志垣瞳（帝塚山大学（非））／三浦さつき（奈良佐保短期大学）／島村知歩（奈良佐保短期大学）

和歌山県　青山佐喜子（大阪夕陽丘学園短期大学）／三浦加代子（園田学園女子大学）／川原﨑淑子（元園田学園女子大学短期大学部）／橘ゆかり（神戸松蔭女子学院大学）／川島明子（園田学園女子大学）／千賀靖子（元樟蔭東短期大学）

鳥取県　松島文子（鳥取短期大学）／板倉一枝（鳥取短期大学）

島根県　石田千津恵（島根県立大学）／藤江未沙（松江栄養調理製菓専門学校）

岡山県　藤井わか子（美作大学短期大学部）／青木三恵子（高知大学（客））／小川眞紀子（ノートルダム清心女子大学）／槇尾幸子（元中国学園大学）／大野婦美子（くらしき作陽大学）／藤堂雅恵（研）（美作大学）／人見哲子（美作大学）／新田陽子（岡山県立大学）／我如古菜月（岡山県立大学）／加賀田江里（中国短期大学）／藤井久美子（山陽学園大学）

広島県　岡本洋子（広島修道大学）／村田美穂子（広島文化学園短期大学）／渡部佳美（広島女学院大学）／石井香代子（福山大学）／奥田弘枝（元広島女学院大学）／海切弘子（研）（広島大学大学院）／上村芳枝（比治山大学（非））／木村留美（広島国際大学）／近藤寛子（福山大学）／渕上倫子（元福山大学）／前田ひろみ（広島文化学園短期大学）／木村安美（九州大学）／高橋知佐子（福山大学（非））／塩田良子（広島文教大学）／政田圭子（元鈴峯女子短期大学）／小長谷紀子（安田女子大学）／山口享子（中国学園大学（嘱））／北林佳織（比治山大学）

山口県　五島淑子（山口大学）／園田純子（山口県立大学）／池田博子（元西南女学院大学短期大学部）／櫻井菜穂子（宇部フロンティア大学短期大学部）／廣田幸子（山陽学園短期大学）／福田翼（水産大学校）／山本由美（元池坊短期大学）／森永八江（山口大学）

徳島県　髙橋啓子（四国大学）／金丸芳（徳島大学）／松下純子（徳島文理大学短期大学部）／長尾久美子（徳島文理大学短期大学部）／近藤美樹（徳島文理大学）／後藤月江（四国大学短期大学部）／三木章江（四国大学短期大学部）／川端紗也花（四国大学）／坂井真奈美（徳島文理大学短期大学部）

香川県　次田一代（香川短期大学）／加藤みゆき（元香川大学）／川染節江（元明善短期大学）／村川みなみ（香川短期大学）／渡辺ひろ美（香川短期大学）

愛媛県　亀岡恵子（松山東雲短期大学）／宇高順子（愛媛大学）／香川実恵子（松山東雲女子大学（非））／武田珠美（熊本大学）／皆川勝子（松山東雲短期大学）

高知県　小西文子（東海学院大学）／五藤泰子（高知学園短期大学（非））／野口元子／福留奈美（東京聖栄大学）

福岡県　三成由美（中村学園大学）／松隈美紀（中村学園大学）／宮原葉子（中村学園大学）／入来寛（中村学園大学）／御手洗早也伽（中村学園大学）／熊谷奈々（中村学園大学）／大仁田あずさ（元中村学園大学）／八尋美希（近畿大学九州短期大学）／秋永優子（福岡教育大学）／川島年生（中村学園大学（非））／新冨瑞生（九州女子大学）／末田和代（元精華女子短期大学）／楠瀬千春（九州栄養福祉大学）／仁後亮介（中村学園大学短期大学部）／吉岡慶子（元中村学園大学）／猪田和代（太刀洗病院）／山本亜衣（九州女子大学）

佐賀県　西岡征子（西九州大学短期大学部）／副島順子（元西九州大学）／武富和美（西九州大学短期大学部）／萱島知子（佐賀大学）／成清ヨシヱ（元西九州大学短期大学部）／橋本由美子（西九州大学短期大学部（非））

長崎県　冨永美穂子（広島大学）／久木野睦子（活水女子大学）／石見百江（長崎県立大学）

熊本県　秋吉澄子（尚絅大学短期大学部）／北野直子（元熊本県立大学）／戸次元子（老健施設もやい館）／川上育代（尚絅大学）／原田香（尚絅大学短期大学部）／中嶋名菜（熊本県立大学）／小林康子（尚絅大学短期大学部）／柴田文（尚絅大学短期大学部）

大分県　西澤千惠子（元別府大学）／立松洋子（別府大学短期大学部）／望月美左子（別府溝部学園短期大学）／高松伸枝（別府大学）／宇都宮由佳（学習院女子大学）／山嵜かおり（東九州短期大学）／麻生愛子（東九州短期大学）

宮崎県　篠原久枝（宮崎大学）／長野宏子（元岐阜大学）／磯部由香（三重大学）／秋永優子（福岡教育大学）

鹿児島県　森中房枝（鹿児島純心女子大学）／木之下道子（鹿児島純心女子大学）／進藤智子（鹿児島純心女子短期大学）／山﨑歌織（鹿児島女子短期大学）／木戸めぐみ（鹿児島女子短期大学）／大倉洋代（鹿児島女子短期大学（非））／大富あき子（東京家政学院大学）／大山典子（鹿児島純心女子短期大学）／新里葉子（鹿児島純心女子大学）／福元耐子（鹿児島純心女子大学）／山下三香子（鹿児島県立短期大学）／木下朋美（鹿児島県立短期大学）／大富潤（鹿児島大学）／竹下温子（静岡大学）／千葉しのぶ（鹿児島女子短期大学）／久留ひろみ

沖縄県　田原美和（琉球大学）／森山克子（琉球大学）／我那覇ゆりか（沖縄大学）／大城まみ（琉球大学）／名嘉裕子（デザイン工房美南海）

ほうちょうをつくる（大分県大分市戸次地域）　写真／戸倉江里

左上から右へ。そばかっけを切る（岩手県葛巻町）、包丁（麺）を汁に加える（愛媛県宇和島市吉田町）、おつりの汁（愛媛県西条市）、ほうちょうをのばす（大分県大分市戸次地域）、きしめん（愛知県名古屋市）、そばを切る（徳島県三好市祖谷地域）、おとうじを盛る（長野県千曲市）、製麺機で生地をのす（群馬県安中市）　写真／奥山敦志、五十嵐公、戸倉江里、長野陽一、高木あつ子

全集

伝え継ぐ 日本の家庭料理

そば・うどん・粉もの

2020年11月10日　第1刷発行

企画・編集

一般社団法人 日本調理科学会

発行所

一般社団法人 農山漁村文化協会

〒107-8668 東京都港区赤坂7-6-1

☎ 03-3585-1142（営業）

☎ 03-3585-1145（編集）

FAX 03-3585-3668

振替 00120-3-144478

http://www.ruralnet.or.jp/

アートディレクション・デザイン

山本みどり

制作

株式会社 農文協プロダクション

印刷・製本

凸版印刷株式会社

＜検印廃止＞

ISBN978-4-540-19184-8

Printed in Japan

定価はカバーに表示

乱丁・落丁本はお取替えいたします

本扉裏写真／高木あつ子（広島県・鯛そうめん）

扉写真／高木あつ子（p5、74）、長野陽一（p33、102）、戸倉江里（p91）

本書は「別冊うかたま」 2020年3月号を書籍化したものです。

「伝え継ぐ 日本の家庭料理」出版にあたって

一般社団法人 日本調理科学会では、2000年度以来、「調理文化の地域性と調理科学」をテーマにした特別研究に取り組んできました。2012年度からは「次世代に伝え継ぐ 日本の家庭料理」の全国的な調査研究をしています。この研究では地域に残されている特徴ある家庭料理を、聞き書き調査により地域の暮らしの背景とともに記録しています。

こうした研究の蓄積を活かし、「伝え継ぐ 日本の家庭料理」の刊行を企図しました。全国に著作委員会を設置し、都道府県ごとに40品の次世代に伝え継ぎたい家庭料理を選びました。その基準は次の2点です。

①およそ昭和35年から45年までに地域に定着していた家庭料理

②地域の人々が次の世代以降もつくってほしい、食べてほしいと願っている料理

そうして全国から約1900品の料理が集まりました。それを、「すし」「野菜のおかず」「行事食」といった16のテーマに分類して刊行するのが本シリーズです。日本の食文化の多様性を一覧でき、かつ、実際につくることができるレシピにして記録していきます。ただし、紙幅の関係で掲載しきれない料理もあるため、別途データベースの形ですべての料理の情報をさまざまな角度から検索し、家庭や職場、研究等の場面で利用できるようにする予定です。

日本全国47都道府県、それぞれの地域に伝わる家庭料理の味を、つくり方とともに聞き書きした内容も記録することは、地域の味を共有し、次世代に伝え継いでいくことにつながる大切な作業と思っています。読者の皆さんが各地域ごとの歴史や生活習慣にも思いをはせ、それらと密接に関わっている食文化の形成に対する共通認識のようなものが生まれることも期待してやみません。

日本調理科学会は2017年に創立50周年を迎えました。本シリーズを創立50周年記念事業の一つとして刊行することが日本の食文化の伝承の一助になれば、調査に関わった著作委員はもちろんのこと、学会として望外の喜びとするところです。

2017年9月1日

一般社団法人 日本調理科学会　会長　香西みどり

＊なお、本シリーズは聞き書き調査に加え、地域限定の出版物や非売品の冊子を含む多くの文献調査を踏まえて執筆しています。これらのすべてを毎回列挙することは難しいですが、今後別途、参考資料の情報をまとめ、さらなる調査研究の一助とする予定です。